MOHAMED AMJAHID

UNTER WEISSEN

Was es heißt, privilegiert zu sein

Hanser Berlin

1 2 3 4 5 21 20 19 18 17

ISBN 978-3-446-25472-5

Satz: Satz für Satz, Wangen im Allgäu
Druck und Bindung: GGP Media GmbH, Pößneck
Printed in Germany

Für alle Anderen

INHALT

1 WORUM ES (MIR) GEHT

Es fällt mir schwer, dieses Buch zu schreiben, und gleichzeitig bin ich davon überzeugt, dass ich es schreiben muss. Fast jeder Tag in Deutschland, fast jede Reise in Europa liefert mir Gründe dafür. Wenn ich mich zum Beispiel in der U-Bahn neben eine Frau setze und sie plötzlich ihre Tasche fest umklammert. Wenn mich schon wieder ein Polizist am Bahnhof zur Routinekontrolle herauspickt. Oder wenn ich bei einer Wohnungsbesichtigung gegen eine Bafög-Empfängerin aus Schwaben den Kürzeren ziehe und mir die Maklerin danach am Telefon erklärt: »Ich habe Ihren Namen gesehen und dachte, Sie seien arbeitslos.«

Solche Erfahrungen mache ich derart häufig, dass ich nicht mehr an Zufall glaube. Immer wieder habe ich mich gefragt, woran es wohl liegen mag: Hat es etwas mit meinem Aussehen zu tun? Mit meinem Namen? Mit meiner Herkunft? Mache ich etwas falsch? Oder bin womöglich gar nicht ich das »Problem«, sondern es sind andere, weil sie ein Problem mit mir haben?

Meine Eltern kamen in den sechziger Jahren als Gastarbeiter nach Deutschland. Mein Vater schuftete im Schichtbetrieb am Fließband, meine Mutter in Teilzeit als Reinigungskraft. Wir lebten dennoch in ärmlichen Verhältnissen in einer engen Dachgeschosswohnung im Frankfurter Arbeiterviertel Hoechst. Meine Eltern entschieden sich 1995, als ich sieben Jahre alt war, mit meinen zwei älteren Schwestern und mir in ihre Heimat Marokko zurückzukehren.

»Sie haben in Deutschland andauernd auf uns herabgeschaut«, erklärte uns unsere Mutter damals immer wieder. »Wir waren Ausländer, egal, was wir gemacht haben«, sagt sie heute noch. Ich selbst habe dann zwölf Jahre in der mittelmarokkanischen Stadt Meknès die Schule besucht und bin nach dem Abitur wieder nach Deutschland zurückgekommen, um hier zu studieren. Wenn ich mich mit migrationspolitischen Termini beschreiben müsste, so bin ich zweite und erste Einwanderergeneration in einer Person.

Gleichzeitig kann ich mich nicht mit den Gastarbeitern vergleichen, die einst unter ganz anderen Bedingungen nach Deutschland migrierten. Von vornherein war damals klar, welche Position sie in der deutschen Gesellschaft einnehmen sollten – nämlich die ganz unten. Als Jugendlicher war ich wütend auf meine Eltern und den radikalen Bruch mit unserem Umzug nach Marokko. Inzwischen habe ich mehr Verständnis für ihre Entscheidung, die meine Welt von einem Tag auf den anderen aus den Angeln hob, auch wenn ich heute sicher weitaus weniger bürokratische Kämpfe austragen müsste, wenn wir Deutschland damals nicht verlassen hätten. Die Wut meiner Pubertät wich mit meiner Volljährigkeit einer Neugierde, diese segregierte Welt zu verstehen. Ich wollte wissen, wie es zu der Art von gesellschaftlicher Ausgrenzung kommt, wie sie etwa meine Eltern erfahren haben, und herausfinden, was oder wer darüber (mit-)entscheidet, ob eine Person oben oder unten landet. Die Ergebnisse meiner Recherche und der Überlegungen, die in dieses Buch einfließen, bedürfen an vielen Stellen sicher einer weiterführenden Auseinandersetzung; trotzdem helfen sie mir zu verstehen, warum meine Eltern damals gegangen sind. Ich bewege mich heute überwiegend in anderen gesellschaftlichen Kreisen als sie damals, aber viele

Diskriminierungen, denen sie seinerzeit ausgesetzt waren, erlebe ich auch heute noch in Deutschland auf ähnliche Weise. Und ich bin nicht allein mit meinen Erfahrungen. Vielen ergeht es so wie mir, und genau deswegen schreibe ich dieses Buch.

Rassismus ist eine Ideologie, die besagt, dass bestimmte Menschen mit bestimmten äußerlichen Merkmalen weniger wert sind als andere Menschen. Rassismus geschieht zugleich ganz konkret, nebenbei, unbewusst, gedankenlos. Ohne nachzudenken, beurteilen wir Menschen nach Kategorien wie Name, Muttersprache, Herkunft, sichtbarer Religionszugehörigkeit oder Hautfarbe. Das ist eine anthropologische Konstante. Verschiedene wissenschaftliche Disziplinen beschäftigen sich mit der Erforschung von Vorurteilen, etwa die Soziologie, die Psychologie, die Geschichts- und Kulturwissenschaften. Dabei werden jeweils unterschiedliche Ansätze verfolgt. Einige Wissenschaftler gehen davon aus, dass Menschen Rassismus evolutionär erlernt haben.[1] Andere, dass Menschen Rassismus quasi in ihrer DNA tragen.[2] Wieder andere Forscher wollen bewiesen haben, dass Vorurteile ein rein psychologisches Problem sind und dass stereotypes Denken über Minderheiten mit den eigenen Minderwertigkeitskomplexen, dem eigenen Drang nach Abgrenzung und der Suche nach gesellschaftlicher Bestätigung zu tun hat.[3] Sosehr sich diese und andere Erklärungen unterscheiden, eines bleibt unumstritten: Wir alle hegen rassistische Vorurteile. Auch ich. Niemand ist frei von Rassismus.[4]

Schon im Kindergarten sollen wir Angst vor dem »schwarzen Mann« haben und wegrennen. Bis wir irgendwann wirklich Angst vor schwarzen Menschen empfinden. Wir lernen Rassismus über Fernsehserien, in denen Araber stets Terroristen spielen, Frauen mit Kopftüchern immer bildungsfern sind, Asiaten meistens kichern. Irgendwann sagen wir uns dann: »Die sind so.«

Mich erreichen regelmäßig Leseempfehlungen mit dem Hinweis auf die Rückständigkeit dessen, was einige meiner Leser für meine Kultur halten. Ich werde in Kommentaren in sozialen Medien darüber belehrt, dass die europäische Aufklärung mit ihren bekannten Vordenkern ausschließlich für Toleranz, Rationalität und Weltoffenheit steht. Dabei habe ich mich schon für mein marokkanisches Abitur beispielsweise mit dem Werk Voltaires beschäftigt, um dort unter anderem auf folgende Aussage zu stoßen: »Die Weißen sind den Negern überlegen. So wie die Neger den Affen, und die Affen wiederum Austern überlegen sind.«[5]

Doch es sind nicht allein solche nach wie vor hartnäckig gepflegte Phantasien »weißer Überlegenheit«, die Menschen wie mir das Leben schwermachen. Ein anderer wichtiger Aspekt, auf den ich bei meiner Suche gestoßen bin, sind *Privilegien*. Damit meine ich Voraussetzungen oder Rahmenbedingungen, die einen Menschen überhaupt erst in die Lage versetzen, über sich, aber eben auch über andere Entscheidungen zu treffen. Zum Beispiel, ob ein Kind auf ein Gymnasium oder auf eine Hauptschule gehen soll. Ob ein Mensch eine Wohnung bekommt. Oder ob ein Migrant mit Respekt behandelt wird. Privilegien können subtil, unsichtbar, selbstverständlich sein. In diesem Buch will ich sie sichtbar machen und in ihrer Selbstverständlichkeit hinterfragen. Denn eines ist klar: Nur wer relativ zu anderen privilegiert ist, kann überhaupt rassistisch handeln. Oder anders gesagt: Rassismus muss man sich erst mal leisten können.

Ich bin selbst relativ zu anderen Menschen deutlich besser

gestellt, gegenüber Geflüchteten zum Beispiel. Dass ich mir dessen bewusst bin, hilft mir sehr bei meiner Arbeit als Reporter, der sich unter anderem mit den Themen Flucht und Migration beschäftigt. Ehrlichkeit gegenüber sich selbst ist eine Voraussetzung, um nach außen glaubhaft seine Standpunkte zu vertreten und ernsthaft Veränderungen einzufordern. Es geht also nicht um den Verzicht auf Privilegien, sondern darum, sich zu positionieren und die Missstände zu benennen. Es geht darum, die Diskriminierungen der »Anderen« überhaupt zu sehen und dann abzubauen.

Ich kenne ein Spiel[6], mit dem man herausfindet, ob man mehr oder weniger privilegiert ist. Eine Gruppe von zehn bis fünfzehn Leuten stellt sich in einer Reihe in der Mitte eines Raumes oder irgendwo im Freien auf. Hauptsache, es gibt genügend Platz nach vorne und nach hinten. Der Moderator liest dann sogenannte Privilegien-Fragen vor. Wer mit JA antworten kann, darf einen Schritt nach vorne machen. Bei einem NEIN muss man einen Schritt zurück gehen. Ein paar exemplarische Fragen wären etwa:

- Haben Sie einen festen Wohnsitz?
- Sind Sie bislang von sexueller Belästigung verschont geblieben?
- Gehen Sie einer geregelten Erwerbstätigkeit nach?
- Können Sie problemlos und legal Ihren Wunschpartner heiraten und gemeinsam ein Kind adoptieren?

Es können beliebig viele Fragen gestellt werden, die alle relevanten Bereiche von Diskriminierung und Privilegierung in unserer Gesellschaft abdecken: Geschlecht, sexuelle Identität, Bildungsstand, Wohnsituation, Gesundheitsstatus und so weiter. Viele Fragen betreffen die Diskriminierung oder Privilegierung aufgrund der Hautfarbe oder einer Migrationserfahrung:

- Werden Sie von der Polizei ignoriert, wenn Sie an Bahnhöfen und Flughäfen unterwegs sind?
- Behandeln andere Sie wie jemanden, der selbstverständlich zu Deutschland gehört?
- Können Sie problemlos ins Ausland reisen?
- Haben Sie uneingeschränkten Zugang zu Sozialsystemen? Zum Beispiel zur Arbeitslosenhilfe?

Am Ende stehen die Teilnehmenden meist verteilt und weit auseinander: ganz vorne die Privilegierten, ganz hinten die Benachteiligten. Ich habe das Spiel unter anderem einmal bei einem Bildungstag im Roten Rathaus in Berlin mit Schülern durchgespielt, darunter etliche mit Migrationshintergrund. Am Anfang verteilte ich Kärtchen mit fiktiven Personenbeschreibungen: Einzelkind mit zwei Akademikereltern, Kind einer Gastarbeiterfamilie, Tochter einer Kassiererin und eines Lastkraftfahrers, Sohn einer afghanischen Flüchtlingsfamilie, Halbwaise, deren Mutter Hartz-IV-Empfängerin ist. Die Schüler sollten sich in die jeweiligen Rollen versetzen und die Fragen entsprechend beantworten. Auf diese Weise sollte kein Kind denken, es sei ein Verlierer, wenn es ganz hinten landet. Der große Abstand zwischen denen, die am Ende ganz weit vorne standen, und denen ganz hinten hat alle erstaunt und zum Nachdenken gebracht – was ja der Sinn der Übung ist.

Mir selbst ist das Privilegien-Spiel zum ersten Mal vor einigen Jahren bei einer Veranstaltung mit Studierenden begegnet. Unsere Antworten – also auch die Schritte vor und zurück – bezogen sich allerdings auf unsere wahren Identitäten. Ich landete auf dem vorletzten Platz in der Privilegien-Skala, vor einer pakistanischen Studentin aus einer Familie mit Fluchtgeschichte. Sie trug ein Kopftuch und stand am Ende buchstäblich mit dem Rücken zur kalten Betonwand und brach in Tränen aus. Interessanterweise wirkten aber auch diejenigen, die nach all den Fragen zu Herkunft, Akzeptanz, Reisefreiheit oder Racial Profiling (also der Praxis vieler Sicherheitsbehörden, Menschen nach ethnischer Zugehörigkeit zu kontrollieren) weit vorne landeten, mit dem Ergebnis etwas überfordert. Fast alle von ihnen waren in Deutschland geboren und hatten deutsche Eltern. Plötzlich als Gruppe definiert zu werden war für sie ungewohnt.

Ebenfalls vor wenigen Jahren schnappte ich zum ersten Mal das Wort »biodeutsch« auf. Ich weiß nicht mehr genau, wo, sondern nur, dass ich es auf Anhieb äußerst nützlich fand. Während es für Menschen wie mich, die in Deutschland leben, deren Eltern aber keine Deutschen sind, alle möglichen Begriffe gibt – Deutscher mit Migrationshintergrund, Ausländer, Zuwanderer, Migrant, Deutschmarokkaner, Deutscher mit marokkanischen Wurzeln, marokkanischstämmiger Deutscher usw. –, fehlt ein griffiges Wort für die große Gruppe all der in Deutschland lebenden Menschen, die übrig bleiben, wenn man die Zahl derer mit Migrationshintergrund von der Gesamtbevölkerung abzieht. Der Begriff »biodeutsch« benennt endlich etwas, das in all den Diskussionen um Zuwanderung und Integration meist unsichtbar im Hintergrund bleibt: jene Mehrheit, die die »selbstverständliche« Norm vorgibt und die definiert, wer oder was »anders« ist. Von Migranten und ihren Kindern ist in den Medien hingegen ständig die Rede, unzählige Publikationen und Forschungsprojekte in der seit Jahrzehnten andauernden Integrationsdebatte beschäftigen sich mit denjenigen, die hier als Nichtdeutsche leben. In Deutschland gibt es rund 16,4 Millionen Bewohner mit Migrationshintergrund.[7] Es bleiben also rund 65 Millionen Biodeutsche übrig – und vor allem um sie soll es in diesem Buch gehen.

Würden wir das Privilegien-Spiel in Frankreich, in den USA oder gar auf globaler Ebene durchführen, stünden die meisten Menschen mit weißer Hautfarbe eher vorne, der Rest würde verteilt im Raum landen. Wäre es bei uns in Deutschland wirklich anders? Ich fürchte, nein. Die Aufteilung in Weiße und Nichtweiße ist hier nach meiner Erfahrung, von der ich in diesem Buch berichten will, genauso virulent und prägend. Das Kriterium Hautfarbe im Zusammenhang mit Diskriminierung und Rassismus zu thematisieren ist hierzulande aber zumindest ungewöhnlich und dürfte von manchem als Provokation verstanden werden. Rassismus und Kolonialismus sind aber europäische Traditionen, und wir in Deutschland können uns da nicht als immun bezeichnen.

Die Frau in der U-Bahn sieht in mir einen nordafrikanisch aussehenden und daher gefährlichen Mann. Der Polizist assoziiert mit meinen schwarzen Haaren und dichten Augenbrauen eine Terrorgefahr oder zumindest kriminelle Energie und illegale Migration. Die Immobilienmaklerin wiederum denkt, dass alle Mohameds in Berlin arbeitslos sind. Tatsache ist: Alle drei waren Weiße. Ihr Verhalten mir gegenüber deutet darauf hin, dass sie mit großer Wahrscheinlichkeit noch nie selbst die Erfahrung gemacht haben, grundlos als kriminell, gefährlich oder faul dargestellt zu werden. Überhaupt müssen sie kaum je befürchten, dass ihnen wegen ihres Aussehens – noch konkreter: wegen ihrer Hautfarbe – irgendwelche Nachteile entstehen. Sie und die biodeutsche Mehrheit sind sich ihrer Privilegien allzu oft gar nicht bewusst – und somit auch nicht der Tatsache, dass und wie schnell sie zur Diskriminierung der vielen »Anderen« beitragen. Insofern soll es in diesem Buch auch nicht so sehr um mich oder andere »Andere« gehen, sondern vielmehr darum, dieser biodeutschen Mehrheit – zu der vielleicht ja auch *Sie* gehören – den Spiegel vorzuhalten und ihr zu zeigen, wie sich ihre Geschichte des Rassismus, ihre Haltung und ihre Handlungen gegenüber denen auswirken, die nicht so sind wie sie und nicht so aussehen wie sie.

Die sogenannte Mitte-Studie erfasst seit dem Jahr 2000 regelmäßig »gruppenbezogene menschenfeindliche Tendenzen in der Mitte der deutschen Gesellschaft«[8]. Die repräsentative Langzeitstudie zielt damit auch auf das gutverdienende, gebildete, biodeutsche Milieu. Das Fazit mehr als 15 Jahre nach Beginn der Erhebung: »Rechtsextremes Denken ist in allen Teilen der Gesellschaft in erheblichem Maße verbreitet.« Zur konkreteren Anschauung einige Ergebnisse der Studie aus dem Jahr 2016[9]: 21,9 Prozent der befragten Deutschen stimmen zu, dass »Deutschland eine einzige starke Partei braucht, die die Volksgemeinschaft insgesamt verkörpert«; 10,9 Prozent sehen weiterhin einen »zu großen Einfluss der Juden«; 33,8 Prozent der Befragten stimmen zu, dass »Ausländer die Bundesrepublik in einem gefährlichen Maße überfremden«; 41,4 Prozent wollen »die Zuwanderung von Muslimen nach Deutschland untersagen«; 40,1 Prozent finden es »ekelhaft, wenn sich Homosexuelle in der Öffentlichkeit küssen«; und 58,5 Prozent sind sich sicher, dass »Sinti und Roma zur Kriminalität neigen«. Wie der Name der Studie schon verrät: Diese Auffassungen finden sich in der Mitte und nicht an den Rändern der Mehrheitsgesellschaft.

Es geht mir also explizit *nicht* um Nazis, NPD-Funktionäre oder Rechtspopulisten und längst nicht bloß um AfD-Wähler. Es ist kinderleicht, über Rechtsextreme zu schimpfen, und Rassisten sind sowieso immer nur die anderen. Wer so denkt und redet, ignoriert bewusst oder unbewusst den eigenen Rassismus.

Die meisten Biodeutschen setzen sich mit der eigenen Position und den damit verbundenen Privilegien kaum je auseinander und zementieren so den Status quo. Bei dem Privilegien-Spiel landen sie schließlich immer auf den vorderen Plätzen – häufig genug allein deshalb, weil sie Weiße sind. Die »Anderen« landen dagegen ganz hinten, vor allem weil sie keine weiße Hautfarbe besitzen.

Nun, wie schon erwähnt, es fällt mir nicht leicht, aber ich glaube, ich habe bzw. wir da auf den hinteren Plätzen haben ihnen – *Ihnen* – etwas zu sagen.

2 DIE ERFINDUNG DES ANDEREN

Youssef war seit gut drei Monaten in Deutschland. An seiner ersten Silvesterfeier in Europa wollte er nur noch vergessen, woher er kam und was hinter ihm lag – vor allem die Erinnerungen an seine Reise von Casablanca nach Köln: Wie sein alkoholabhängiger Vater ihn, seine Schwester und seine Mutter am Tag seiner Abreise verprügelt hatte, wie er in der Meerenge von Gibraltar kilometerweit nach Norden geschwommen war, sich schließlich auf halbem Weg an eine Passagierfähre geklammert hatte und dabei fast von der Schiffsschraube erfasst worden wäre, wie er dann in Spanien von einer Mafiabande beherbergt worden war, für sie harte Drogen verkauft hatte, um seine Weiterfahrt zu finanzieren, und wie er schließlich in Paris unter einer Brücke übernachtet hatte. Das alles und noch viel mehr sollte mit dem Jahreswechsel der Vergangenheit angehören. Youssef hatte sich viel für das Jahr 2016 vorgenommen: Deutsch lernen, seinen Aufenthalt in Deutschland irgendwie legalisieren, eine Arbeit finden.

Doch es kam anders. Schon am frühen Nachmittag des 31. Dezember 2015 hatte der hagere, junge Mann mehrere Liter Bier und dazu eine halbe Flasche Wodka getrunken. Um kurz vor 17 Uhr hatte er dann mit einem Kumpel, den er in einer Notunterkunft für Geflüchtete kennengelernt hatte, einen Joint geraucht und ein paar bunte Pillen eingeworfen. Welche Drogen er da genau genommen hatte, wusste er später nicht mehr.

Während um ihn herum die Menschen nicht bis Mitternacht warten wollten und anfingen, ihre Feuerwerkskörper auf der Kölner Domplatte in alle Richtungen abzufeuern, fühlte er sich im wahrsten Sinne des Wortes nur noch high. »Ich kann mich nicht mehr so richtig erinnern, außer dass diese Flasche aus dem Rucksack ragte – und mich anlächelte«, sagt Youssef heute. Er griff nach dem Flaschenhals und wollte das 25-Cent-Pfandgut aus der Tasche einer bis heute unbekannten Person ziehen. Ein Zivilpolizist, der zufällig neben ihm stand, ertappte ihn dabei auf frischer Tat, Youssef versuchte abzuhauen, wurde aber schnell von dem Beamten und zwei seiner Kollegen überwältigt und festgenommen.

In jener Nacht wurden aber auch ungleich schwerere Straftaten begangen. Kurz nach Silvester war bekannt geworden, dass es in Köln zu zahlreichen sexuellen Übergriffen gekommen war. Der Aufschrei in Deutschland war groß, und so begann ich zusammen mit neun weiteren Reportern für das *ZEITmagazin* zu recherchieren, was in der Nacht zum 1. Januar 2016 rund um den Kölner Hauptbahnhof genau geschehen war. Im Rahmen unserer Nachforschungen kümmerte ich mich um das Milieu der mutmaßlichen Täter: eine spezifische Gruppe junger Marokkaner und Algerier mit krimineller Vorgeschichte, Suchtproblemen, teils überholten Vorstellungen von Männlichkeit und ohne gültigen Aufenthaltsgrund in Deutschland. Youssef, den ich in diesem Zusammenhang mehrere Monate lang intensiv begleitete, hatte ich über einen engagierten Kölner Pflichtverteidiger kennengelernt, der es begrüßte, dass wir die Geschichte seines Mandanten journalistisch aufarbeiten wollten.

Im Unterschied zu anderen Tätern, mit denen ich gesprochen habe, ist bei Youssef inzwischen juristisch bewiesen, dass er in der Kölner Silvesternacht keine Frauen belästigt hat. Schon als ich ihn zwischendurch im Gefängnis besucht hatte, stellte er schlüssig dar, was in jener Nacht aus seiner Perspektive passiert war: Er hatte versucht, die Pfandflasche zu klauen, und war danach vor den Polizisten, die er in ihrer Zivilkleidung nicht als Beamte erkannt hatte, weggerannt. Beide Vorwürfe gab er später vor Gericht reumütig zu. Die Beweise und Zeugenaussagen unterstützten Youssefs Geständnis.

Nach dreieinhalb Monaten Untersuchungshaft wurde Youssef schließlich im April 2016 wegen versuchten Diebstahls einer Pfandflasche und wegen Widerstands gegen die Staatsgewalt zu zwei Jahren auf Bewährung verurteilt. In seinem Schlusswort im trostlosen Saal Nummer 18 des Kölner Amtsgerichts wandte sich der Richter minutenlang direkt an den Angeklagten. Er sprach über »Menschen wie Sie« und benutzte auffallend viele Sätze mit dem Personalpronomen »wir«: »Wir tolerieren Menschen wie Sie nicht« oder »Menschen wie Sie werden bei uns nie auf einen grünen Zweig kommen«. Ich sitze nicht oft in deutschen Gerichtssälen, doch bei dieser Verhandlung war für jeden erkennbar, dass Youssef für den zur Neutralität verpflichteten Richter nicht als Individuum, sondern stellvertretend für eine ganze ethnische Gruppe auf der Anklagebank saß. Offenkundig schlug sich die aufgrund der Kölner Ereignisse aufgeheizte Stimmung in Deutschland und mit ihr ein vollkommen eindimensionales Täterbild in der Perspektive des Richters und in seinem harten Urteil nieder.

Als der Richter von »Nordafrikanern« sprach, pauschal über »die anderen« herzog, über »unsere Zivilisation« referierte, hielt ich kurz den Atem an. Aber nicht nur weil ich empört war, sondern weil mir in dem Moment etwas über mich selbst klarwurde: Der vorurteilsgeladene Diskurs in Deutschland war so mächtig, dass sich einige von seinen stereotypen Bildern für kurze Zeit sogar in meinem Kopf festgesetzt hatten. Da waren auf der einen Seite die gewalttätigen Marokkaner, Algerier und Tunesier, die ich fieberhaft in Nordrhein-Westfalen, Belgien und Frankreich gesucht habe, und auf der anderen Seite die biodeutsche Gesellschaft, die plötzlich über Gewalt gegen Frauen schockiert war, so als würde es ohne Nordafrikaner keine sexualisierte Gewalt in Deutschland geben. Eigentlich war ich nach unzähligen Interviews und Begegnungen der Meinung gewesen, ein immer klareres Bild der Täter und der Opfer zu erkennen. Nun, im Gerichtssaal, schien das alles aber irgendwie nicht mehr ganz zu stimmen. Die Welt ist eben nicht »schwarz und weiß« und lässt sich auch nicht immer eindeutig in Täter und Opfer einteilen, erst recht nicht gemäß der Hautfarbe.

Nach Prozessende holte ich Youssef am Hintereingang des Gerichts ab und ging mit ihm zum nächsten U-Bahnhof. Auf dem Weg fragte ich ihn, wie er den Prozess erlebt habe. Youssef zuckte mit den Schultern und fragte zurück, ob ich eine Zigarette für ihn hätte. Wir machten also kurz in einem Tabakladen halt, wo er mir erklärte, dass die Gerichtsverhandlung für ihn wie ein modernes Theaterstück gewesen sei: surreal, unverständlich, diffus. Trotz des Übersetzers, der ihm die ganze Zeit ins Ohr geflüstert habe, habe er nicht verstanden, warum der Richter ständig von Nordafrikanern im Plural sprach. Wie sich nun herausstellte, hatte im Gefängnis zwar ein anderer Insasse Youssef von den sexuellen Übergriffen erzählt, ihm war aber schlichtweg nicht klar gewesen, welche Diskussion dadurch in Deutschland ausgelöst worden war und dass er mit allen anderen in eine Schublade gesteckt wurde.

Das Kölner Aprilwetter spielte verrückt. Wind, Sonne und Regen wechselten sich im Minutentakt ab, und nachdem Youssef vor dem Eingang zum U-Bahnhof Neumarkt rasch fertiggeraucht hatte (»In Deutschland meinen sie es ernst mit dem Rauchverbot. Ich will nicht noch mal drei Monate ins Gefängnis wandern.«), stiegen wir in den Untergrund hinab und warteten auf den nächsten Zug. Nach und nach strömten immer mehr Fahrgäste auf den Bahnsteig. Auf einmal tauchten vier Securitymänner der Kölner Verkehrsbetriebe auf und postierten sich im Gedränge unmittelbar neben uns. Nachdem sie uns kurz gemustert hatten, meinte der Oberwachmann zu seinen Kollegen: »Ich wette, die fahren zum Hauptbahnhof: klauen oder grapschen.« Offensichtlich ging er davon aus, dass wir kein Deutsch verstanden. Für Youssef, der erst seit wenigen Monaten in Deutschland lebte, traf das zwar zu, doch sogar er merkte sofort, dass von uns die Rede war, denn er bat mich, für ihn zu übersetzen. »Die kommen jetzt alle hierher, um unsere Frauen zu vergewaltigen«, fuhr der Mann im Kölner Dialekt fort. »Maroks halt«, antwortete einer seiner Kollegen. Die Gruppe bestand augenscheinlich aus drei Biodeutschen und einem Deutschtürken, der mir besonders auffiel, weil er seinen Kollegen hektisch und etwas übertrieben zunickte.

Viele der umstehenden Fahrgäste bekamen die Konversation der Wachmänner über die grapschenden Nordafrikaner mit – doch niemand sagte etwas.

Irgendwann hatte ich genug davon, vor aller Augen und Ohren gedemütigt zu werden, und sprach die Wachmänner an. »Was soll Ihr rassistisches Gerede eigentlich?«, fragte ich. Sichtlich überrascht, fingen sie gleich an, sich zu rechtfertigen. »Es steht doch überall in den Medien, dass Nordafrikaner grapschen und klauen«, sagte ihr Anführer. »Leute erzählen so Geschichten«, fuhr er fort, und als würde er das ultimative Argument bringen, meinte er schließlich: »Wir beobachten das jeden Tag.« Seine zwei biodeutschen Kollegen meldeten sich nicht zu Wort, sondern ballten nur die Fäuste, wie um mir zu zeigen, dass sie zu allem bereit waren.

Ich warf dem türkischstämmigen Wachmann einen flehentlichen Blick zu und hoffte auf irgendein Zeichen von Reue oder Einsicht. Erstaunlicherweise distanzierte er sich dann tatsächlich von den Äußerungen der anderen – »Ich weiß nicht, was mich geritten hat« – und brachte seine Kollegen sogar dazu, auf eine weitere Eskalation zu verzichten. Gut möglich, dass er im Nachhinein noch Ärger dafür bekam. So unvermittelt, wie sie aufgetaucht waren, zogen die vier Männer plötzlich wieder ab. Während die Fahrgäste versuchten, sich in eine gerade eingefahrene Bahn zu drängeln, verschwanden sie Richtung Treppe und Ausgang. Man hätte fast meinen können, sie flüchteten.

Ausschließlich aufgrund unserer äußeren Erscheinung – als unverkennbar aus Nordafrika stammende Männer – hatten die Wachmänner Rückschlüsse auf unsere Persönlichkeit, unser Verhalten und unsere Intentionen gezogen. Aus dem, was sie sagten, und aus ihrem Tonfall sprach dann das, was ich »behauptete Realität« nenne. Sie entsteht, wenn Vorurteile lediglich auf Grundlage von Ressentiments formuliert und dann so oft wiederholt werden, dass eine kritische Masse an Menschen sie für bare Münze nimmt.

Zwar galten »Nafris«, wie Nordafrikaner im Polizeijargon schon lange genannt werden, in Deutschland noch nie wirklich als willkommene Mitbürger, nun aber wurden die Geschehnisse der Silvesternacht auf *alle* »Nafri«-Körper projiziert. Die behauptete Realität hieß nun: Nordafrikanisch aussehende Männer klauen, grapschen und vergewaltigen qua Kultur, qua Herkunft oder qua DNA *unsere* deutschen Frauen. Die Skizzierung des Nordafrikaners als idealtypischen, für die Allgemeinheit und die »deutschen Werte« gefährlichen Migranten zeigt anschaulich, wie ein Vorurteil auf eine ganze Bevölkerungsgruppe angewendet wird. Und ebendiese gesellschaftliche Verurteilung hatte auch ich nun zusammen mit Youssef im U-Bahnhof Neumarkt und anderswo am eigenen Leib zu spüren bekommen.

Als der Richter abwertend über die »Nafris« sprach, bediente er außerdem eine behauptete Realität in Bezug auf deutsche Männer. Demnach sind diese frei von Sexismus und wenden auch keine Gewalt gegen Frauen an. Obwohl es mit dem konkreten Fall von Youssef nichts zu tun hatte, erklärte der Richter beispielsweise, wie zivilisiert »wir« in Deutschland mit Frauen umgingen, und grenzte so automatisch alle nichtweißen Männer aus. Auf eine Formel gebracht, lautete seine Argumentation schlicht:

Nordafrikaner = *Grapscher* ↔ *Weiße Männer* = *zivilisierte Männer*

Nur dass die zweite Hälfte dieser simplifizierten Formel nicht explizit ausgesprochen wurde. Der stets gewalttätige »Nafri« existiert ausschließlich in Abgrenzung zum stets zivilisierten Deutschen. Diese binäre Konstruktion des »Wir« und des »Anderen«, des Normalen und der Ausnahme bekam auch ich zu spüren. Denn auch ich wurde nach der Silvesternacht plötzlich viel stärker als Nordafrikaner wahrgenommen, und man stülpte mir Adjektive wie »kriminell«, »gewalttätig« oder »frauenfeindlich« über – bloß weil ich so aussehe, wie ich aussehe. Mein Erlebnis mit Youssef am U-Bahnhof war in dieser Hinsicht eindeutig.

Nach unserer umfassenden Köln-Recherche im *ZEIT-magazin* erhielt ich viele Leserbriefe und Facebook-Kommentare und führte unzählige Gespräche im Anschluss an Podiumsdiskussionen. Auf diesen Podien selbst musste ich immer wieder über die Frage streiten, ob Frauenfeindlichkeit nun eine ethnische oder eine kulturelle Angelegenheit sei und ob »Marokkaner halt alle so gewalttätig erzogen« seien. Sosehr ich mich jedes Mal darum bemühte, die Fakten unserer Recherche zu präsentieren und zu erklären, was in der Kölner Silvesternacht konkret zum Gewaltexzess geführt hatte, führte die Dynamik der Diskussionen, immer ausgelöst von einer weißen Mehrheit auf dem Podium und im Publikum, stattdessen stets zu einer Grundsatzdebatte über den Islam und zu der behaupteten Realität, die arabische Kultur sei insgesamt frauen- und überhaupt menschenfeindlich. Dass in Marokko nicht nur Araber leben, sei hier nur nebenbei erwähnt. Ein Mann sagte, dass »alle Muslime Frauen vergewaltigen«. Ein Kollege fragte mich, warum ich nicht bei der türkischen Gemeinde recherchiert hätte, da gäbe es doch »bestimmt spannende Schnittpunkte zur Kölner Silvesternacht«. Und eine Kölnerin meinte: »Farbige Menschen, Frauen wie Männer, haben Hormonprobleme, die haben ihre Libido nicht im Griff.«

Wenn eine Mehrheit eine Minderheit mit bestimmten Attributen belegt, sprechen postkoloniale AnthropologInnen von *Andersmachung* oder *Othering*. Ich habe während meines Studiums viele wissenschaftliche Texte dazu gelesen, in denen ich immer wieder meine eigene Familiengeschichte entdeckt habe. Denn ich kenne mich gut mit der Andersmachung aus, ich bin als »anders« aufgewachsen.

Meine Mutter hat mir über die gesellschaftliche Verurteilung von Nordafrikanern eine Menge Geschichten erzählt, und oft beginnen diese Geschichten mit ihrer Begegnung mit einem Neonazi in der S-Bahn in Frankfurt. Der Kamerad hatte sie auf den Kopf geschlagen. Einfach so. Als sie auf der Polizeistation Anzeige erstatten wollte, speiste man sie dort mit der Erklärung »Gewalt gegen Ausländer passiert halt ab und zu« ab und unternahm nichts. Meine Mutter sah besonders gern die Sendung *Aktenzeichen XY* und war deshalb wie selbstverständlich davon ausgegangen, dass die Polizei nicht nur im Fernsehen, sondern auch im echten Leben Menschen half, denen Gewalt angetan worden war. Entsprechend irritiert stellte sie nun fest, dass rechte Gewalt gegen Menschen wie sie in Deutschland bei der Polizei offenbar keine Beachtung fand.

Nur wenige Tage später begegnete sie dem Neonazi erneut, diesmal an der Kasse im Aldi-Markt. Sie geriet in Panik und suchte mit meinem Vater Schutz in einer nahe gelegenen Polizeistation. Sie erklärte den Beamten dort, dass der Mann, der sie geschlagen hatte, frei herumlaufe. Sie beschrieb ihn peinlich genau: große Statur, zwischen 1,80 und 1,90 Meter, eckiges Gesicht, einige Zähne fehlten, sehr kurze, blonde Haare, weiß-rötliche Haut, dunkle Hose, tiefe Stimme, alkoholisiert, aggressive, reizbare Art. Doch auch diese Beamten blieben untätig. Stattdessen legten sie meiner Mutter ziemlich unverblümt nahe, dass sie sich nicht in Deutschland aufhalten müsse, wenn sie nicht mit »dem entsprechenden Risiko« leben wolle. Meine Mutter spricht gerne von der Sonne Marokkos, dem frischen Gemüse dort, ihren Freunden und Verwandten, doch aus heutiger Sicht war es vor allem diese Szene in der Polizeistation, die sie dazu brachte, Deutschland zu verlassen. Meine Eltern konnten ihr Aussehen ja nicht ändern, ihre Haut nicht abstreifen, ihre Körper nicht austauschen. Ein Leben in Deutschland hätte für sie bedeutet, dauerhaft ein Leben als Andere zu führen.

Dabei hatte meine Mutter alles Mögliche getan, um dazuzugehören. Sie lernte schnell und eigenständig Deutsch, wurde Mitglied in deutschen Vereinen, besuchte Kurse an der Volkshochschule, ging »typisch deutsch« einer Arbeit nach und erzog ihre Kinder, so deutsch es nur ging: Wir mussten mindestens drei Liter Wasser pro Tag zu uns nehmen, das Käsebrot zum Frühstück war ein Muss, in der Familie wurde nur Deutsch gesprochen, der Schwimmunterricht war heilig, und wäre das nötige Geld da gewesen, hätte meine Mutter uns bestimmt in einem Sportverein oder in einer Musikschule zwangseingeschrieben. »Am Ende war ich aber immer nur die Ausländerin, die Marokkanerin«, sagt sie heute. Da war eine unsichtbare Wand, die sie nicht durchbrechen konnte. Sie war in der Realität gefangen, die die Mehrheitsgesellschaft für sie vorgesehen hatte: eine arabische Frau, die nicht »deutsch« sein darf.

Meine Eltern hatten es irgendwann satt, immer nur als »anders« betrachtet und behandelt zu werden. Sie wollten keine rassistische Gewalt mehr ertragen und sie wollten nicht länger auf Gerechtigkeit verzichten. Meine Mutter erklärte mir: »Wenn du so aussiehst, wie du aussiehst, bekommst du auf die Fresse. Wenn du anders bist, kannst du nicht normal werden.«

SachbearbeiterInnen im Jugendamt gaben ihr mehr oder weniger deutlich zu verstehen, dass sie Zweifel daran hatten, ob meine Mutter eine gute Mutter sein könne. Meine Mutter beschreibt heute noch diese Grundskepsis, die ihr jedes Mal im Amt entgegenschlug, als unerträglich. Vor allem als sie sich am Anfang noch nicht so gut auf Deutsch artikulieren konnte, deutete sie die abwertenden Blicke und kleinen Gesten, die sie auf dem Amt wahrnahm, als grundsätzliche Kritik an ihrer Person und ihrer Rolle als Mutter. Beispielsweise fand es die Sachbearbeiterin schlecht, als meine Mutter »nur« Hausfrau war und sich um uns Kinder kümmerte. Als meine Mutter dann einen Job als Reinigungskraft annahm, war das der Frau vom Jugendamt auch nicht recht. Als meine Eltern entschieden, nach Marokko zurückzuziehen, versuchte das Amt am Ende sogar, ihnen die Kinder wegzunehmen – mit der absurden Ausrede, dass Deutschland bereits so viel in die Familie investiert habe und die Kinder besser im Heim aufgehoben seien. Aber auch in anderen Bereichen machten meine Eltern frustrierende Erfahrungen. Auf dem Wohnungsmarkt kamen für sie zum Beispiel nur Wohnungen mit Toiletten im Gang und ohne richtige Heizung in Frage, weil biodeutsche Vermieter ihre guten Wohnungen nicht den »Nafris« überlassen wollten.

Wenn ich mich mit Biodeutschen über Rassismus unterhalte, wenn ich auf Podien über die Wirkung von Othering in der Gesellschaft diskutiere oder wenn ich Leserbriefe beantworte, kommt häufig die auf den ersten Blick überraschende, aber dennoch interessante Frage auf: Wenn du immer gegen Rassismus bist, so ist das ja löblich und gut, aber ignoriert es denn nicht zugleich die Tatsache, dass es nun einmal Unterschiede zwischen den Menschen gibt?

Natürlich sind die Menschen verschieden, und jeder irgendwie abgesteckte Kulturkreis weist Besonderheiten auf. Die einen rennen schnell, die anderen langsamer, die einen handeln rational, die anderen eher intuitiv, die einen sind leidenschaftlich, die anderen eher kühl, die einen reden leise, die anderen eher laut, die einen können toll tanzen, die anderen nicht, die einen besser kochen, rechnen oder wirtschaften als die anderen. Wenn Sie nun bei dieser Aufzählung jeweils weiße oder nichtweiße Körper – Deutsche, Türken, Chinesen oder Brasilianer – vor Augen hatten, könnte es sein, dass auch Sie den Mechanismus der Andersmachung angewendet haben. Das Verhalten, die Persönlichkeit, die Art eines Menschen – nichts davon hängt je an der Hautfarbe.

Anders*sein* funktioniert über Selbstbestimmung. Anders*machung* über Fremdbestimmung. Wer spricht über wen? Bezeichnet sich ein Einzelner oder eine Gruppe selbst mit einem bestimmten Attribut, oder wird ihm bzw. ihr von außen ein Charakterzug, eine Fähigkeit oder Eigenschaft zugewiesen? Marokkaner sagen über sich, dass sie schnell laufen können, was sie regelmäßig bei Olympischen Spielen und Weltmeisterschaften beweisen. Das ist eine Selbstdefinition, und die Wirkung ist eine andere, als wenn ein deutscher Polizist sagt: »Ihr Marokkaner könnt klauen wie der Blitz.«

Kann bzw. darf man also erst gar nicht über »die anderen« sprechen? Doch natürlich, sofern man dabei keine Vorurteile bedient und keine willkürlichen Behauptungen über Menschen aufstellt, indem man etwa »Realitäten« über an sich sehr heterogene Gruppen wie *die* »Nafris«, *die* Schwarzen, *die* Türken oder *die* Ausländer erfindet. Es gibt sie nämlich nicht, *die* »Nafris«, *die* Schwarzen, *die* Türken oder *die* Ausländer.

Trotzdem kommt es immer wieder vor, dass Biodeutsche nichtweiße Deutsche oder Ausländer gleichsam als Objekte und als eine homogene Masse darstellen. Dieses Muster – Ingroup versus Outgroup – lässt sich unter anderem regelmäßig in einer der zahlreichen Talkshows im deutschen Fernsehen beobachten: Zwei oder drei Biodeutsche reden dann über die zu integrierenden Anderen, und manchmal darf sich ein Nichtweißer gegen die Andersmachung verteidigen. Dabei fallen immer wieder Sätze wie »*Die* sollen sich in *unser* Wertesystem integrieren« oder »*Wir* fürchten uns vor *den Fremden*«.

Häufig – zumindest erlebe ich das so – ist das für das Othering nötige »wir« aber unsichtbar. Youssefs Richter sprach nicht aus, was er andeutete: dass alle biodeutschen Männer qua Herkunft zivilisierte Männer seien. In ähnlicher Weise braucht es implizit »normale Bürger«, um eine Diskussionsrunde über »den Steinzeit-Islam« zu führen.

Der Einwand des Wachmanns im Kölner U-Bahnhof, wonach viele deutsche Medien das Vorurteil des kriminellen, vergewaltigenden und marodierenden Nordafrikaners gestärkt hätten, ist leider nicht ganz aus der Luft gegriffen. Vor allem in den ersten Wochen nach den Ereignissen der Silvesternacht überschlugen sich die Kommentatoren förmlich mit einseitigen und zugespitzten Darstellungen, und die Schuldzuweisung war allzu schnell erledigt. Dabei kamen teilweise erst Monate später genauere und verlässliche Details ans Licht, ohne die eine gewissenhafte, seriöse Aufarbeitung nicht möglich war. Dennoch betrieb so mancher Beitrag zum Streit über Migration und Integration weiterhin munter Othering.

Beispielsweise hatte Alice Schwarzer entsprechende Vorurteile in ihrer Aufsatzsammlung *Der Schock* verbreitet, die sie nach den Ereignissen der Silvesternacht herausgab. Dementsprechend echauffierte sie sich dann über die intensive, monatelange Recherche des *ZEITmagazins* über die Täter und ihr Milieu, weil diese die von ihr behauptete Realität mit Fakten dekonstruierte, sprich, sie für nicht haltbar erklärte. In einem Zeitungsartikel suggerierte Schwarzer sogar, Youssef sei Mitglied einer muslimisch-kriminellen Bande gewesen.[1] Für sie war klar, dass da einfach mehr dahinterstecken musste: eine Kultur der Unterdrückung, eine gemeinschaftliche Absicht, eine straffe Organisation, Hass gegen den Westen. Mit ihren einseitigen, polemischen und durch nichts belegten Behauptungen sorgen Schwarzer und andere Meinungsmacher jedenfalls dafür, dass viele Menschen das Behauptete kurzerhand als Realität wahrnehmen. Bei den Wachmännern im U-Bahnhof Neumarkt war das ganz offensichtlich der Fall. Meine Gespräche im Tätermilieu haben dagegen ergeben, dass diejenigen Männer, die in Köln wirklich Frauen belästigt hatten, alles andere als religiös oder gar islamistisch motiviert sind. Diejenigen, die Frauen belästigt haben, nutzten die mangelnde Präsenz und die katastrophal schlechte Koordination der Sicherheitsbehörden aus, um zunächst Handys und Geldbörsen zu klauen. Dafür hatten sich sogar kleine Gruppen vor Silvester verabredet. Es ist nachgewiesen, dass einige wenige Männer dann sehr viele Frauen belästigt, begrapscht oder vergewaltigt haben. Einer dieser Täter sagte mir bei meiner Recherche: »Die Welt fickt mich. Ich ficke die Welt zurück.« Sexuelle Gewalt war für ihn eine chauvinistische Methode, sich an einem System zu rächen, das ihn als Mensch nach ganz unten abschob. Er trat dann heftig weiter nach unten – gegen Frauen.

Manchmal schwirren mir all die Artikel und Bilder, Aussagen und Debatten zu den Kölner Ereignissen noch abends im Bett durch den Kopf. Vor lauter Ärger über so viel Ignoranz kann ich dann schlecht einschlafen. Dabei könnte man eigentlich darüber lachen, dass nun beispielsweise ausgerechnet ein Ort wie die Gegend um das Kottbusser Tor in Berlin, wo es nach wie vor große Probleme mit Kriminalität und Drogen gibt, als rühmliches Gegenbeispiel herhalten muss. Die Türken und die türkischstämmigen Deutschen, die dort leben und die nun auf einmal als normal und integriert dargestellt und so gleichsam gegen die »Nafris« ausgespielt werden, wurden vor mehr als vierzig Jahren ihrerseits als kriminelle Migranten bezeichnet. Im Jahr 1973, als sich meine Gastarbeitereltern in Westdeutschland abrackerten, kündigte der *Spiegel* eine Titelgeschichte über türkische Migration in die BRD wie folgt an: »Der Andrang vom Bosporus verschärft eine Krise, die in den von Ausländern überlaufenen Ballungszentren schon lange schwelt. Städte wie Berlin, München oder Frankfurt können die Invasion kaum noch bewältigen: Es entstehen Gettos, und schon prophezeien Soziologen Städteverfall, Kriminalität und soziale Verelendung wie in Harlem.«[2] An der Art und Weise, wie ganze Gruppen anders gemacht werden, hat sich in Deutschland ganz offensichtlich nicht viel verändert. Nur die Objekte der Andersmachung variieren mit der Zeit und den Moden: Türken, Muslime, »Nafris«. Morgen kann es jeden anderen von *uns* Anderen treffen.

3 AUSGESPROCHEN RASSISTISCH

Auf einer kleinen Party traf ich neulich alte Freunde, die ich länger nicht mehr gesehen hatte. Susi kochte Chili sin carne: ohne Fleisch, damit alle mitessen konnten. Wir debattierten ausführlich, welche Gewürze in ein Chili gehörten. Wir machten uns darüber lustig, dass wir in studentischen Zeiten immer die fertigen »Kräuter der Provence« benutzt hatten, und zwar für jedes Gericht. Am Ende war das Essen einen Tick zu scharf, und einige von uns hatten Tränen in den Augen.

Jeder Gast hatte ein Getränk oder ein Dessert mitgebracht. Noch in der Küche, als wir den Tisch deckten, sagte Maria, dass sie sich vor dem Supermarktregal lange Gedanken gemacht habe, welche Süßigkeit nun in ihren Einkaufskorb wandern sollte. Dann hielt sie plötzlich einen Karton in die Höhe und rief triumphierend: »Sieh mal, Mohamed, NEGERKÜSSE! Hahaha!« Ihre Augen weiteten sich, und ganz offenkundig erwartete sie, dass auch ich lachte. Susi, die Gastgeberin, warf mir einen Blick zu, der sagte: »Mach dir nichts draus, Mo.«

In allen Sprachen dieser Welt finden sich diskriminierende Wörter, Formulierungen, Redewendungen – das Wort »Neger«, das viele Menschen in Europa weiterhin aktiv benutzen, ist nur ein prominentes Beispiel. Was mir jedoch ein Rätsel ist: Warum bestehen nach wie vor so viele Biodeutsche – aber auch Franco-Franzosen mit ihrem »tête-de-nègre«, alteingesessene Niederländer mit dem Ausdruck »Negerzoen«

und andere weiße Europäer – auf die »echte« Bezeichnung für Schaumküsse? Dabei sollte inzwischen jeder wissen, wie belastet – und vor allem beleidigend – das N-Wort ist. Es transportiert bis heute die alte, aus der Kolonialzeit stammende Überzeugung, wonach Menschen mit weißer Hautfarbe mehr wert seien als andere und daher über dem Rest der Menschheit stünden. In den Sprachen der Kolonialherren aus Frankreich, Spanien und Großbritannien reiste das Wort durch die Welt[1] und gelangte so schließlich auch nach Nordamerika, wo spätestens ab dem 17. Jahrhundert Sklaven standardmäßig damit angesprochen wurden. Die konsequente Kombination mit den Vornamen der Sklaven diente letztlich nur dazu, deren Andersartigkeit und niedrigen Status zu unterstreichen. Im Deutschen tauchte das Wort seit dem 18. Jahrhundert auf. Das N-Wort trägt also – wie einige andere Begriffe auch – alte, rassistische Normen und Vorurteile weiter, die vor allem eines bewirken: Sie stellen alle Nichtweißen als *anders* hin, als etwas, das weniger wert ist.

Was das N-Wort angeht, so geben vor allem ältere Menschen an, dass sie es aus ihrem täglichen Sprachgebrauch als ein »normales Wort« kennen, und viele von ihnen verstehen bis heute nicht, was daran eigentlich problematisch sein soll. Bei anderen Begriffen weiß dagegen jeder, dass sie beleidigend gemeint sind. Beispielsweise nennt niemand eine andere Person aus Versehen mal einen »Ziegenficker«. Diese Beleidigung richtet sich in der Regel vor allem gegen Türken, Araber und andere »Orientalen«. Mein Vater erzählte mir einmal, wie er in den siebziger Jahren in Frankfurt am Main von einem biodeutschen Vorarbeiter am Band in der Fabrik so beschimpft wurde. Mein Vater hatte einen kleinen Fehler in der Produktionskette verursacht, woraufhin die riesige Maschine zur

Herstellung von Parfümflakons kurz gestoppt werden musste. In seiner Schilderung versuchte mein Vater, das Vulgäre auszusparen: »Der Vorarbeiter sagte, dass ich Dinge mit Ziegen machen würde.« Bis zu seinem Tod war er davon überzeugt, wir Nichtweiße müssten solche Beleidigungen in den weißen Gastländern aushalten, um keine Probleme mit den »Meistern und Chefs« zu bekommen. Ich werde nie erfahren, wie er auf dieses Buch reagiert hätte.

Dabei war auch meinem bildungsfernen Vater klar, dass die Beleidigung »Ziegenficker« auf das Klischee und Vorurteil von den angeblich hypersexualisierten Nichtweißen zurückgreift. Es gibt zwar auch die Varianten »Eselficker« oder »Kamelficker«, in der Vorstellung vieler Weißer werden Anatolien, der ganze Nahe Osten und Nordafrika aber offenbar vor allem von Ziegen bevölkert. Zumindest erkläre ich mir so, dass ausgerechnet das Wort »Ziegenficker« mit der (Neu-) Erfindung des Nordafrikaners im Jahr 2016 wieder in Mode kam. Von betrunkenen Neonazis bin ich zwar vorher schon auf der Straße des Öfteren so beschimpft worden, ebenso in Leserbriefen zu einigen meiner Artikel – übrigens auch von Lesern, die einen oder sogar zwei Professorentitel trugen. Im Jahr 2016 wurde diese rassistische Schmähung aber endgültig salonfähig.

So erschien im Magazin *Focus* Anfang 2016 eine Karikatur mit der Überschrift »Der erste abgeschobene Flüchtling kehrt in seine Heimat zurück«. Darauf zu sehen ist ein Mann namens Ali. Er trägt einen Koffer in der Hand und einen blauen Sack auf dem Rücken. Zwei Ziegen unterhalten sich neben ihm in einem ärmlichen Dorf. Die eine Ziege sagt zur anderen: »Ali der Grapscher ist aus Deutschland zurück. Ich dachte, wir hätten für immer unsere Ruhe vor ihm.«[2]

Zwölf Menschen schickten mir diese Zeichnung der Karikaturisten Greser und Lenz über soziale Medien oder per E-Mail mit dem Hinweis, dass ihnen die Zeichnung aus dem Herzen spreche. Acht davon forderten mich auf, Deutschland sofort zu verlassen. Soweit ich ihren Profilen bei Facebook und Twitter entnehmen konnte, gehörten sie zur »Mitte der Gesellschaft«: Unter anderem hatten sich da eine Krankenschwester, ein Lehrer und ein Student als rassistische Hetzer betätigt.

Ich habe neulich mit einer biodeutschen Kollegin darüber gesprochen, und wir stellten fest, dass es keine vergleichbar üble Beleidigung gibt, die sich gegen Biodeutsche oder Weiße richtet. »Kartoffel« oder »Krauts«, meinte die Kollegin, seien eher harmlose Schimpfwörter, und »Schweinefresser« empfand sie als albern.[3] Gängige Beleidigungen für »die anderen« setzen dagegen immer eine konstruierte Norm voraus, die nur Weiße erfüllen: »Schlitzauge« impliziert demnach, dass die kaukasisch-europäische Augenform ein Schönheitsideal ist, »Kümmeltürke« legt nahe, dass allein weiße Körper gut riechen, und mit dem Schimpfwort »Kanake«, das vom hawaiianischen Wort Kanaka für »Mensch« stammt, schließt man allgemein auf die Andersartigkeit »südländischer Menschen« und die Normalität der Weißen. All diese Begriffe ziehen auf ihre Weise eine Trennlinie zwischen guten Weißen und für minderwertig erachteten Nichtweißen.

Im April 2016 feierte sich der Satiriker Jan Böhmermann als Speerspitze der Meinungsfreiheit in Deutschland. In seiner Sendung *Neo Magazin Royale* im ZDF zeigte der Moderator einen Sketch, bei dem er ein Schmähgedicht auf den autoritär regierenden türkischen Präsidenten Recep Tayyip Erdoğan vorlas.[4] Erdoğan hatte zuvor für Diskussionen gesorgt, weil er kritische Journalisten in der Türkei mundtot machen wollte und einsperren ließ. In einem Beitrag[5] der Satiresendung *Extra 3* vom NDR war der türkische Präsident daraufhin zur Melodie von Nenas Song »99 Luftballons« als das kritisiert worden, was er ist: ein Despot, der die Meinungsfreiheit nicht aushält und Minderheiten unterdrückt. Als dann das Außenministerium in Ankara voller Empörung sogar den deutschen Botschafter einbestellte,[6] entwickelte sich hierzulande ein regelrechter Satire-Wettbewerb.

Böhmermann wollte in diesem Zusammenhang den Zuschauern seiner Sendung und natürlich Erdoğan selbst mit seinem Beitrag erklären, was der Unterschied zwischen einer Satire und einer Schmähung ist. In der Überzeugung, von der Kunstfreiheit Gebrauch zu machen, trug er also das inzwischen berühmt-berüchtigte Gedicht vor. In einem Vers heißt es über Erdoğan: »Am liebsten mag er Ziegen ficken und Minderheiten unterdrücken.« Obwohl ich mich öffentlich zu diesem medial aufgebauschten Ereignis so gut wie gar nicht geäußert hatte, erreichten mich in der Folge über soziale Medien Dutzende von Beiträgen und Kommentaren, die nun den Begriff »Ziegenficker« als höchstes Gut der deutschen Meinungsfreiheit priesen. Aus den oben erwähnten zwölf Rassisten, die sich nach der Karikatur im *Focus* bei mir gemeldet hatten, wurden so in wenigen Tagen Hunderte, ja Tausende Menschen, die nun unter Berufung auf die Meinungsfreiheit öffentlich und bewusst eine dezidiert rassistische Sprache benutzten. Sie verbreiteten Gedichte, Collagen und Witze über Ziegen, Erdoğan und die »Orientalen« im Allgemeinen. In den meisten Fällen ging es gar nicht mehr um Kritik an einem autoritären Präsidenten.

Ich wurde in dieser Zeit von vielen Biodeutschen schief

angeguckt, weil ich Böhmermanns Satire nicht lustig fand. »Ich verstehe nicht, warum man über ›Ziegenficker‹ nicht lachen kann«, sagte etwa ein Kollege. Worauf ich antwortete: Nur derjenige, der nicht von rassistischer Sprache betroffen ist, besitzt das Privileg, eine solche Sprache erst gar nicht als rassistisch auffassen zu müssen und darüber zu lachen. Deshalb fehlt vielen Weißen offensichtlich jegliches Gespür und Verständnis dafür, warum sich schwarze Menschen durch das N-Wort erniedrigt fühlen könnten. Während »Ziegenficker« bewusst als Beleidigung eingesetzt wird, ist das N-Wort für viele weiße Menschen ein *normaler* Begriff. Das ändert sich erst ganz allmählich im Rahmen eines gesellschaftlichen Lernprozesses. Einerseits nehmen die Proteste von verschiedenen Minderheiten zu, die diese rassistische Sprache überhaupt erst sichtbar machen. Ich gelte zum Beispiel offenbar als Experte für inklusive Sprache, zumindest fragen mich regelmäßig Kollegen, »ob man das so schreiben könne«, und legen mir dabei Texte vor, die manchmal rassistische Begriffe beinhalten und die wir dann diskutieren. Andererseits beeinflussen Diskussionen in anderen Ländern, etwa in den USA oder in Großbritannien, die Debatte in Deutschland. Beliebte Comedy-Sendungen wie die Zeichentrickserie *Family Guy* oder die Late-Night-Shows *Last Week Tonight* oder *The Daily Show* transportieren den fortgeschrittenen Diskurs über faire Sprache in englischsprachigen Ländern nach Deutschland. Die Diskussionen verlaufen hier aber anders: aggressiver und offenbar getrieben von der Angst der weißen Mehrheit, sie müsste auf irgendetwas, und sei es nur ein Wort, verzichten.

Im Jahr 2011 diskutierte beispielsweise halb Deutschland über die korrekte Bezeichnung für die ominösen Schaumküsse. Auslöser war eine Wette in der Sendung *Wetten, dass ...?*.

Der sportlich-muskulöse biodeutsche Michael hatte sich vorgenommen, in zweieinhalb Minuten dreißig Klimmzüge an einer horizontal angebrachten Leiter zu schaffen und dabei dreißig Schaumküsse, die auf den Stufen der Leiter platziert waren, zu verspeisen. Michael verlor den Wettkampf gegen die Zeit und seinen Bizeps, gegen das Fassungsvermögen seines Magens und die nervigen Kommentare von Moderator Thomas Gottschalk. Letzterer wies dabei unter anderem darauf hin, dass es »verboten« sei, »Schaumküsse anders zu nennen«.[7] Von einem Verbot konnte und kann zwar keine Rede sein, aber was Gottschalk mit seinem Hinweis bewusst oder unbewusst anerkannte, waren die Proteste der afrodeutschen Community, die seit Jahren eine kritische Auseinandersetzung mit kolonial vorbelasteten, rassistischen Begriffen in der deutschen Alltagssprache fordert.

Die Sache schlug hohe Wellen. Zuschauer und Medien diskutierten heftig über den Begriff »Schaumkuss« und das N-Wort. Viele empörten sich über Gottschalks »Sprachverbot« und beschimpften alle, die das N-Wort für nicht (mehr) opportun oder politisch korrekt hielten, als »Sprachpolizei«.

Nicht lange danach, im Jahr 2013, entwickelte sich eine vergleichbare Debatte, als es darum ging, ob man das N-Wort in Kinderbuchklassikern wie *Pippi Langstrumpf*, *Jim Knopf* oder *Die kleine Hexe* ersetzen sollte. Traditionalisten, die sich als Liebhaber der deutschen Sprache ausgaben, pochten darauf, dass man die Klassiker der Kinderliteratur nicht antasten dürfe. Viele migrantische Gruppen in Deutschland hielten es dagegen nicht bloß für vertretbar, sondern sogar für geboten, die Texte an heutige Realitäten, also an die Diversität der Zusammensetzung der deutschen Gesellschaft anzupassen. Aus ihrer Sicht bestand keine Gefahr, dass dadurch der Charakter der Texte verändert werden könnte. In der Wochenzeitung *Die Zeit* hieß es dann dennoch unmissverständlich, dass »Pippi Langstrumpf nicht nur ein Kinderbuch, sondern auch ein literarisches Meisterwerk«[8] sei, woraus eine eindeutige Forderung folgte: Finger weg von der Sprache!

Jede Sprache ist ein Spiegel der Vergangenheit – im guten wie im schlechten Sinne. Das Wort »Rasse« etwa lässt sich nach seiner Vereinnahmung durch die Nationalsozialisten im Deutschen nie mehr »neutral« und unbelastet verwenden. Auch der Kolonialismus und die danach weiter praktizierte Andersmachung nichtweißer Menschen haben in vielen Sprachen ihre Spuren hinterlassen, nicht zuletzt im Deutschen. Das Bewusstsein für die damit verbundene Problematik ändert sich jedoch erst langsam. Der Widerstand gegen eine Dekolonialisierung unserer Sprache und damit unseres gemeinsamen Alltags ist jedenfalls noch immer groß. Eine einfache Suche im Internet ermöglicht es, am Beispiel der Schaumküsse zu demonstrieren, wie gegen eine aufgeklärte Weiterentwicklung bzw. Anpassung der Sprache argumentiert wird. Man begegnet dabei hauptsächlich vier Argumentationsmustern:

1. Das war schon immer so

»*Manche Mitmenschen kritisieren den Ausdruck Negerküsse. Diesen möchte ich sagen, dass diese Bezeichnung uralt ist und nicht als diskriminierend anzusehen ist*«, schreibt »Onkel Heinz«[9], bevor er den Lesern seines Blogs das Rezept für seine Schaumküsse zum Selbermachen verrät. Das Traditionsargument begegnet mir häufig bei Debatten über Rassismus und zeigt meiner Meinung nach vor allem eines: Angst vor Veränderung. Wie schön war es doch, als weiße Eltern ihren weißen Kindern noch ungestört Süßigkeiten bei weißen Bäckern kaufen konnten.

2. Habt ihr noch alle Tassen im Schrank?

»Wie heißen die Negerküsse, die ich meine, nun politisch korrekt? Diese Umtauferei find ich so was von bescheuert«, meint User »Kyri«[10] auf einer Debattenseite rund um das Thema »Schaumküsse im Gefrierfach«. Nichtweißen Antirassisten spricht man regelmäßig Rationalität und Seriosität ab, und ihre Sprachkritik wird für verrückt und lächerlich erklärt. Dann heißt es in der Regel: »Ihr seid jung und wild und wisst nicht, was ihr tut« oder »Denkt doch mal nach, das ist doch nicht der Rede wert« oder »Habt ihr nichts Besseres zu tun?«. So werden Argumente der Gegenseite als unvernünftig dargestellt bzw. erst gar nicht richtig zur Kenntnis genommen.

3. Satire darf alles oder Lang lebe die Meinungsfreiheit

»Genauso inkorrekt wie Neger [...] ist das Wort Kuss im Namen einer Süßigkeit, die vielfach von Kindern gegessen wird. Sie gibt dem so bezeichneten Lebensmittel eine unerwünschte sexualisierte Prägung«, schreibt die Community auf der satirisch gemeinten Seite *Stupidedia*[11]. Viele Comedians und Kolumnisten berufen sich auf die Meinungsfreiheit, so wie bei der »Ziegenficker«-Diskussion geschehen. Was sie dabei allerdings oft vergessen: Sie sind als Weiße in einer privilegierten Position, denn Satire kann sich eben nicht jeder leisten. Natürlich darf Satire weiterhin alles, aber dann darf ich selbstverständlich auch rassistische Satire als rassistisch entlarven.

4. Die haben ja nichts dagegen

»Die Zeiten, in denen der Schokokuss noch ein Negerkuss war, sind vorbei. Das Wort galt als politisch nicht korrekt, auch wenn viele Schwarze versicherten, sich durch den Namen sogar geehrt zu fühlen«, schreibt Michael auf seinem Feinschmecker-Blog im Internet.[12] Ein typischer Fall von *Whitesplaining*[13] (eine Kombination der Wörter *white* und *explaining*): Weiße sprechen für Nichtweiße bzw. erklären ihnen, wie sie etwas zu verstehen haben. Michael weiß, was Schwarze ehrt, und erklärt Nichtweißen wie mir sogar, was wir dabei fühlen sollen.

Diese vier Argumentationsmuster begegnen mir durchaus auch offline als Abwehrreaktionen gegen all jene, die von rassistischer Sprache betroffen sind und etwas dagegen unternehmen möchten. Als zuständiger Redakteur habe ich zum Beispiel einmal das Wort »Mohammedaner« aus einem Text gestrichen, und als sich der Autor mit einer Kombination aus den Argumentationsmustern eins, zwei und vier dagegen verwahrte, erklärte ich ihm, dass der Begriff von kolonialen Orientalisten aus dem 17. Jahrhundert stamme, die meisten Muslime sich nie so bezeichnen würden und ich als Redakteur durchaus die Kompetenz besäße, solche Änderungen vorzunehmen. Im Text hieß es dann »Muslime« statt »Mohammedaner«: Es hat dem Artikel nicht geschadet. Gegen die vier Argumentationsmuster helfen also nur bessere Argumente und, wie ich immer wieder feststelle, viel Geduld. Denn offenbar ist es verdammt kompliziert, sich in die Lage von Menschen zu versetzen, die durch Sprache als »anders« markiert werden.

Eine biodeutsche Kommilitonin meinte beispielsweise einmal zu mir, dass sie das N-Wort nicht als rassistisch empfinde und die Diskussion darüber als unfair betrachte. »Wenn ich es nicht benutzen darf, sollte Nicki Minaj auch darauf verzichten.« Die berühmte US-amerikanische Rapperin Minaj baut das N-Wort tatsächlich in fast jeder Strophe ihrer Songs ein. So heißt es in einem Rap: »Look at y'all niggas. Niggas! Look at y'all niggas. Niggas!«[14] Aber natürlich macht es einen wesentlichen Unterschied, wer das Wort benutzt – jemand, der weiß ist, oder jemand, der nichtweiß ist. Minajs Kunst besteht unter anderem ja gerade darin, dass sie den Weißen das von ihnen erfundene Wort gleichsam wegnimmt und ihnen so die Deutungshoheit darüber entzieht. Das N-Wort aus dem Mund einer schwarzen Frau hat speziell im amerikanischen Kontext eine andere Wirkung, als wenn es ein Weißer ausspricht, dessen Vorfahren womöglich sogar am Sklavenhandel mitverdient haben. Entsprechend können nichtweiße Satiriker hierzulande Schimpfwörter wie »Ziegenficker« in ihre Programme einbauen, nicht nur, um sie den Biodeutschen wegzunehmen, sondern auch, um humorvoll und provokativ auf die dahinterliegende Problematik zu verweisen. Ich selbst darf über mich »Kanaken«-Witze reißen – aus dem Mund eines Biodeutschen ist und bleibt dieses Wort jedoch rassistisch. Bei einer Lesung habe ich mich und andere Nichtweiße einmal als »Kanaken« bezeichnet, woraufhin ein Raunen durch das Publikum ging. Als mich dann ein weißer Mann aus dem Publikum scherzhaft als »Kanake« bezeichnete, merkte er, noch während er das Wort aussprach, welche Wirkung es entfaltet, wenn jemand wie er es benutzt. Er entschuldigte sich sofort bei mir und schwor, es nie wieder zu verwenden. Dieser Mann ist leider eine Ausnahmeerscheinung.

Bei jeder U-Bahn-Fahrt durch Berlin-Mitte werde ich daran

erinnert, dass wir in Deutschland unser eigenes N-Wort besitzen. Es fängt mit dem Buchstaben M an.

In den Anfängen der europäischen Kolonialepoche im 17. Jahrhundert verschleppten auch deutsche Kolonialherren Menschen aus Westafrika und brachten sie nach Berlin. Mit ihnen kamen das später globalisierte N-Wort und das eher im Deutschen beheimatete M-Wort. Die gekidnappten Westafrikaner wurden im Zentrum von Berlin einquartiert und mussten als Gaukler, Musiker und Diener schuften.[15] Der preußische König Friedrich Wilhelm I. ließ mindestens 150 schwarze Menschen regelmäßig öffentlich auftreten.[16] Es gab darüber hinaus einen Plan, Zehntausende Menschen aus Westafrika nach Brandenburg umzusiedeln, damit sie dort in der Landwirtschaft arbeiteten. Das Ganze wurde aber nie realisiert, und es blieb beim Import exotischer Tänzer und Gaukler. Der König schmückte sich mit den nicht nur für ihn lustigen, anders aussehenden, bunt bemalten und gekleideten Exoten und sah in ihnen gleichsam ein Accessoire am königlichen Hofe. Die Schwarzen wurden auf diese Weise zur Dekoration degradiert, zu Dingen, die den Weißen gehören.

Ebendiese Verdinglichung kommt in dem Wort »Mohr« zum Ausdruck, das im deutschsprachigen Raum zu einer abwertenden Bezeichnung für schwarze Menschen wurde. Sein Ursprung liegt im altgriechischen Begriff *mauros*, mit dem man die Bewohner Nordafrikas bezeichnete. Beim N-Wort ist es die Geschichte der Versklavung, beim M-Wort die Geschichte der Exotisierung schwarzer Menschen, die durch die Sprache im Alltag wiederholt und verstetigt wird.

Seit wenigen Jahren findet jeden Sommer das »Möhrenstraßenfestival« in Berlin-Mitte statt. Kinder malen dann mit bunter Kreide Menschen auf den Asphalt, Musikgruppen spielen Lieder aus Ghana und Togo, und nichtweiße AktivistInnen erklären auf einer Bühne, warum diese Veranstaltung trotzdem kein Spaß ist. Als ich im vergangenen Sommer mit einem Freund dort war, standen in Berlin gerade die Wahlen für das Abgeordnetenhaus an. Auf der kleinen Festivalbühne hielt ein Afrodeutscher einen kurzen Vortrag über rassistische Sprache und deutete dabei auf die vielen NPD- und AfD-Plakate an den umliegenden Laternen, die von »Ausländern«, »Roma« und »Muslimen« – überhaupt von »den Anderen« – ein düsteres Bild malten und das gesellschaftliche Klima vergifteten. Daraufhin meldete sich eine schwarze Dichterin zu Wort: »Ich habe es satt, dass ihr mich anders macht.« Sie stand neben dem Straßenschild und vor dem Eingang der U-Bahn-Station, auf denen jeweils groß der offizielle Name dieses Ortes prangt: »Mohrenstraße«.

Die AktivistInnen auf dem Festival versuchen seit Jahren, LokalpolitikerInnen davon zu überzeugen, die besagte Straße und den gleichnamigen U-Bahnhof umzubenennen, etwa in Nelson-Mandela-Straße. Sie malen Pünktchen auf die Straßenschilder und verwandeln den Ort so in die »Möhrenstraße«.[17] Auch ich habe schon einmal mit Klebeband ein paar Möhren an den Marmorwänden im Bahnhof befestigt. Wenige Stunden danach erschien eine Putzkolonne und beseitigte die Zeichen des Protestes.

Als David Bowie Anfang 2016 starb, plädierten Fans wie auch Politiker dafür, die Schöneberger Hauptstraße in David-Bowie-Straße umzutaufen – als Zeichen für die besondere Verbundenheit Berlins mit der Pop-Ikone. Der Vorschlag fand überall Beifall, und ein Komitee arbeitet seitdem an der Realisierung.[18] Parteien, Initiativen, Medien, Bürger scheinen wie elektrisiert von dem Gedanken, Bowie, der in den 1970er Jahren in Schöneberg gelebt hat, im Stadtbild zu verewigen. Opposition ist da kaum zu hören. Beim Projekt Nelson-Mandela-Straße hingegen (es gibt bis heute keine in Berlin) winken dieselben Beteiligten ab. Man verweist auf die hohen Kosten, die anfielen, wenn die Straßen- und U-Bahn-Schilder, die Stadtkarten und Fahrpläne geändert werden müssten.

Nach dem friedlichen Protest auf dem Möhrenstraßenfestival schrieb eine Redakteurin der *Berliner Zeitung* einen wütenden Kommentar.[19] Darin warf sie den nichtweißen AktivistInnen vor, »keinen Respekt vor der deutschen Geschichte« zu haben. Sie sollten stattdessen »die Mohrenstraße als Ehrung für farbige Menschen« verstehen. Und dann las sie ihnen so richtig die Leviten: »Überall gefallen sich zum Teil winzige Minderheiten mit häufig ins Abstruse gesteigerten Ansinnen darin, unter Berufung auf die politische Korrektheit und unter Betonung ihres Status als Diskriminierte und Beleidigte, Worte, Symbole, Kunstwerke zu beseitigen, zu tilgen, auszurotten.« Dass sie die AktivistInnen anschließend sogar mit den Terroristen des sogenannten »Islamischen Staates« verglich, machte die Sache auch nicht besser. Die Redner auf der Bühne des Festivals hatten solche reflexhaften Rundumschläge von weißen SprachtraditionalistInnen prophezeit, schließlich kennen sie die Reaktion der Mehrheit auf die Äußerung ihrer Gefühle, ihrer Geschichte, ihres Protestes nur zu gut. So meinte ein Aktivist an einem Informationsstand am Rand des Festivals: »Wir wissen genau, dass wir einige Weiße mit unseren Forderungen verärgern. Es muss aber sein. Die Mühe lohnt sich für alle. Den Gegenwind auszuhalten, das lohnt sich für alle Nichtweißen in Deutschland.«

Auch in Kommentaren in sozialen Medien wurden und werden die AktivistInnen regelmäßig beschimpft und erniedrigt, indem man sie als »peinlich« und »dumm«, als »Traditionsfeinde«, als »Sprachpolizei, die unsere Freiheiten einschränken möchte« oder schlicht als »Neger und Mohren« bezeichnet. Die beschriebenen vier Abwehrmuster, um »die deutsche Sprache zu schützen«[20] – hier lassen sie sich wieder in vielen Variationen und Kombinationen beobachten. Die zuständige Bezirksverwaltung in Berlin-Mitte argumentiert etwa mit dem simplen Hinweis, der Name sei gar nicht rassistisch. Das ist Whitesplaining pur und eine gute Illustration für die privilegierte Stellung von Biodeutschen in Deutschland. »Sie haben nicht nur den Glauben an das Richtige ihrer Sache, sondern auch das Privileg [...] zu definieren, ob bestimmte Begriffe rassistisch oder diffamierend [...] sind«, um es mit den Worten der portugiesischen Theoretikerin Grada Kilomba zu sagen.[21]

Wenn aus uns Nichtweißen, den ehemaligen Objekten, plötzlich Subjekte im Diskurs werden, Subjekte, die mitreden (wollen), ist das für diejenigen, die in der Vergangenheit allein darüber entschieden haben, wie und worüber gesprochen wurde, irritierend und ruft Widerstand hervor. SprachtraditionalistInnen betrachten alle, die sich für eine inklusive Sprache einsetzen, als Zumutung und Bedrohung, so als würde man ihnen etwas wegnehmen wollen. Neue Perspektiven machen Angst und erzeugen Abwehr, das kann ich durchaus nachvollziehen. Andererseits bin ich überzeugt, dass die Mehrheitsgesellschaft erst dann mit den Minderheiten Frieden schließen kann, wenn alle Bürger als Subjekte wahrgenommen werden – was sich eben auch in einer bewusst veränderten Sprache äußert. In den USA, in denen aus antirassistischer Sicht und unabhängig von der Wahl Donald Trumps zum Präsidenten auch nicht alles zum Besten steht, wird seit Ende der Ära der Bürgerrechtsbewegungen Mitte der siebziger Jahre immer selbstverständlicher über die unterschiedlichen Voraussetzungen von Bürgern *according to their race* diskutiert. Ich schreibe das bewusst auf Englisch, denn das deutsche Wort »Rasse« ist bekanntlich historisch vorbelastet.

Im Englischen bezeichne ich mich als »brown man«. Dabei beziehe ich mich auf meine braune Hautfarbe. In Deutschland assoziiert man mit dem Begriff »brauner Mann« andere Gedanken. Hier nenne ich mich deswegen »man of colour«. Während der Rassentrennung in den USA wurden alle unterdrückten, nichtweißen Menschen auch mit dem Wort »colored«, also »farbig«, bezeichnet. Die sprachliche Dichotomie zwischen »white« und »colored« war die Grundlage, um der einen Bevölkerungsgruppe Bürgerrechte zuzugestehen und diese der anderen Gruppe vorzuenthalten. Die schwarze Bürgerrechtsbewegung etablierte daraufhin den Begriff »people of colour« als Bezeichnung für all diejenigen, die gegen ihre rassistische Unterdrückung kämpfen müssen. Viele nichtweiße Deutsche leihen sich in dieser Tradition des Widerstands Wörter aus dem Englischen aus, denn im Deutschen ist es weiterhin schwierig, mit einem angemessenen Vokabular über Rassismus und Privilegien zu sprechen. Allein schon die sehr technisch klingende Formel »mit Migrationshintergrund« zeigt, dass uns in Deutschland in sprachlicher Hinsicht noch die Lockerheit fehlt, mit der realen Vielfalt in der Gesellschaft umzugehen. Dennoch tun wir gut daran, zu lernen, gelassen und angemessen über Diskriminierung und Privilegien zu diskutieren – auch auf Deutsch.

Neulich beschwerte sich ein Biodeutscher bei mir darüber, dass Weiß schließlich auch eine Farbe sei und er sich deshalb vom allgemeinen Begriff für Nichtweiße, also vom Ausdruck

»people of colour«, ausgeschlossen fühle. Ich denke, genau das aber ist der Sinn dieser antirassistischen Wortschöpfung: Wir Nichtweiße wollen euch Privilegierten zeigen, wie es sich anfühlt, ausgeschlossen zu werden. Ich würde ja liebend gerne Frieden schließen. Aber diesen Sprachfrieden muss man sich erst mal leisten können. Solange aber so viele auf Begriffen wie »Mohrenstraße«, »Negerkuss« oder »Ziegenficker« beharren, darf ich auch von »Weißen« sprechen – und damit auf Privilegien hinweisen. Gerade weil es so schwierig ist, sich als jemand, der nicht von Rassismus betroffen ist, in die Lage von People of Colour zu versetzen, dürfte es nicht schaden, wenn Weiße einmal am eigenen Leibe spüren, was es heißt, ausdrücklich nicht dazuzugehören.

4 ABER ROBERTO BLANCO HAT GESAGT ...

Bei einem Gespräch begann ich neulich eher nebenbei und ohne wirklich darüber nachzudenken einen Satz mit den Worten: »Ich als Atheist ...« Ich kann mich nicht mehr daran erinnern, wie der Satz weiterging, dafür aber noch sehr deutlich an die Reaktion meines Gegenübers.

»Sie ein Atheist? Und das, obwohl Sie aus einer muslimischen Familie kommen?«

Ich nickte ein wenig verwundert.

»Wooooow! Muslime sind ja meistens total fanatische Menschen«, fuhr er fort.

Erst jetzt begriff ich, worauf er hinauswollte, und erwiderte trocken, dass ich gar kein Moslem sein könne, wenn ich ein Atheist sei.

Er lachte und erklärte, dass er meine Einstellung zum Glauben erst einmal verdauen müsse, dass er es aber »toll« finde, dass ich dem Islam so kritisch gegenüberstünde.

»Danke, aber das ist kein Grund zu feiern«, antwortete ich daraufhin genervt, »und Sie werden bestimmt darüber hinwegkommen, *inschallah*.«

Nun war der Mann vollends verwirrt, aber das war mir in meiner Verärgerung inzwischen egal.

Hätte ich mich nicht gewehrt, hätte ich stillschweigend die pauschale Aussage akzeptiert, wonach gläubige oder fromme Muslime keine vollwertigen Bürger in Deutschland sein könnten. Denn ich bin mir sehr sicher, dass – wenn auch vielleicht unbewusst – genau dieser Gedanke hinter solchen Reaktionen steckt. Dabei kenne ich genügend Araber, die wenig oder nichts mit Religion anfangen können, und sogar manche Araber, die Marx, Engels und Luxemburg leidenschaftlich zitieren. »Orientalische Atheisten« zu feiern ist in jedem Fall Unsinn.

Hinter der Reaktion des Mannes verbirgt sich allerdings noch mehr: ein Muster, dem ich regelmäßig begegne, viel öfter, als mir lieb ist. Es zeigt sich auch in Bemerkungen wie »Für einen Araber hast du aber erstaunlich liberale Ansichten«, »Du sprichst aber gut Deutsch« oder gleich ganz direkt und unverblümt: »Mohamed, du bist ein guter Ausländer.« Abgesehen davon, dass ich diese Lobhudelei albern finde, nervt es mich kolossal, andauernd das Etikett »guter Migrant« verpasst zu bekommen. Klar, wie jeder normale Mensch freue ich mich über Anerkennung, und natürlich möchte auch ich meinen Platz in dieser Gesellschaft finden und dazugehören. Es ist nur so: Wann immer ich mit meinem Migrationshintergrund als gut integriert gelobt werde, wann immer ich präsentiert werde im Sinne von: »Hey, schaut mal, Mohameds sind gar nicht so schlimm«, bringt mich das in ein gewaltiges Dilemma. Für denjenigen, der mein akzentfreies Deutsch bewundert, sind Menschen, bei denen man einen Akzent hört, mit einem Makel behaftet. Wenn ich zum Integrationsvorbild erkoren werde, werden andere Nichtweiße automatisch als Integrationsverweigerer abgetan. Wenn ich übertrieben für meine liberalen Ansichten beglückwünscht werde, stehen alle anderen Araber automatisch als Demokratiefeinde da.

Mit mir als leuchtendem Beispiel für gelungene Integration lassen sich jedenfalls wunderbar sämtliche Vorurteile über alle anderen »Anderen« am Leben erhalten, und zugleich kann man viel leichter ihnen und nicht der (Mehrheits-)Gesellschaft die Schuld dafür geben, wenn es mit dem friedlichen Miteinander hapert. Schließlich bin ja ich der lebende Beweis dafür, dass Integration funktioniert – die »anderen« müssten sich halt auch nur ein bisschen mehr anstrengen!

Beruflich erfolgreiche Frauen sehen sich oft mit einem ähnlichen Dilemma konfrontiert. Sie müssen, ob sie wollen oder nicht, als Beweise dafür herhalten, dass unsere fortschrittliche Gesellschaft eben keine Frauen mehr benachteiligt. Das Phänomen, das ich hier beschreibe und für das sich der englische Begriff *Tokenism* etabliert hat, wurde tatsächlich auch zunächst im Zusammenhang mit der Geschlechterfrage erforscht. Der kritische Feminismus schaute sich die – nach wie vor – wenigen Frauen in Führungspositionen an und ging der Frage nach, warum gerade diese als Tokens häufig die Ansicht vertraten, dass es gar keine Diskriminierung von Frauen gebe. Im antirassistischen Kontext meint Tokenism wiederum, dass wenige Nichtweiße am Tisch der Privilegierten Platz nehmen dürfen – wenn sie sich entsprechend verhalten. Tokens sind in diesem Fall also jene Nichtweiße, denen Aufstieg und Anerkennung im Austausch gegen ihre Assimilierung zugestanden werden. Gegen die Assimilierung an sich lässt sich wenig sagen. Problematisch wird es allerdings dann, wenn die Tokens selbst die Vorbildrolle unkritisch und unreflektiert annehmen. Und noch problematischer, wenn sie sie aktiv übernehmen, um sich ganz bewusst oder gar aggressiv von der eigenen Minderheit abzugrenzen.

Tokenism ist im antirassistischen Sinne eine (politische) Praxis, mit der ursprünglich in den USA die Rassendiskriminierung kaschiert werden sollte. Das fing beispielsweise damit an, dass einige Schwarze beim Baseballspiel der Weißen mitmachen durften. Sie mussten sich zwar unter einem enormen Druck als überragende Sportler beweisen, dienten aber als Beleg dafür, dass es mit der Diskriminierung von Nichtweißen in den USA vermeintlich vorbei war.[1] Dasselbe wollte man ab den 1960er Jahren durch die Aufnahme weniger Nichtweißer in vormals ausschließlich Weißen vorbehaltenen Sphären wie Unternehmen, Politik, Verwaltung oder Medien beweisen. Universitäten reservierten einige Plätze für schwarze Studenten, um zu zeigen, dass sie keine Bewerber mehr benachteiligen würden. Bis heute kommen viele Nichtweiße in den USA aber bloß dank dieser Quote überhaupt erst in den Genuss von guter Bildung. Und diejenigen, die es geschafft haben, die als Abgeordnete in Parlamenten sitzen, an Eliteuniversitäten studieren oder in vormals rein weißen Sportarten ihr Talent zeigen, werden von der Mehrheit aufmerksam beobachtet – und manchmal eben auch instrumentalisiert.

Das Wort Tokenismus ist bisher in Deutschland weitgehend unbekannt. Dabei ist das Phänomen, das es beschreibt, auch hierzulande allgegenwärtig. Es hat sich verselbständigt und findet sich in fast jedem Bereich der Gesellschaft wieder.

Roberto Blanco ist einer der ersten Menschen, die ich als kleines Kind in Deutschland bewusst wahrgenommen habe. »Ein bisschen Spaß muss sein«, das war jahrelang der Hit in unserem Frankfurter Wohnzimmer, das zugleich als Elternschlafzimmer diente. Meine Gastarbeiter-Eltern brachten sich unter anderem über Schlagermusik Deutsch bei. Abends hörten meine beiden Schwestern und ich im Kinderzimmer, wie meine Mutter nebenan mit Roberto Blanco sang, und summten uns so in den Schlaf.

Mit unserem Umzug nach Marokko verschwand Blanco dann für lange Zeit aus meinem Leben und tauchte erst im

Jahr 2015 wieder auf. Ich schlug damals die Zeitungen auf und las überall: »Bayerischer Innenminister äußert sich rassistisch über Roberto Blanco.«[2] Was war geschehen? In einer Talkshow hatte Joachim Herrmann von der CSU den beliebten Schlagersänger als »wunderbaren Neger« bezeichnet – und sich kurz danach dafür entschuldigt. »Inakzeptabel« urteilte der Politiker über sich selbst. Immerhin.

Etliche Journalisten in Berlin und München griffen gleichwohl zum Telefon, um Roberto Blancos Sicht zu erfahren – und weil sie natürlich hofften, die Geschichte am Köcheln zu halten. Der Sänger selbst beteuerte, dass er kein Problem damit habe, wenn ihn der Innenminister mit dem N-Wort bezeichne. Als Ehrenmitglied der CSU trat er zudem in einer Satiresendung auf und nannte seinen Parteikollegen dort »Weißmann«. Das wirkte souverän, clever und lustig. Herrmanns ursprüngliche Wortwahl, hieß es daraufhin in Redaktionskonferenzen, in Kommentaren und im Netz, sei also gar nicht so schlimm. Die Gelassenheit Blancos interpretierten viele als Blankoscheck für Rassismus, so als wäre auch in dieser Hinsicht »ein bisschen Spaß« völlig in Ordnung.

Die Rezeption von Blancos Aussage und Person, die Interpretation seiner selbstironischen und lockeren Art, seiner achselzuckenden Haltung zu vielen Dingen zeigen exemplarisch, wie jemand von der Mehrheit der Weißen zum Token gemacht wird, zu einem Nichtweißen, der nicht widerspricht oder sogar rassistische Aussagen unterstützt. Auch ich bekam daraufhin von vielen Biodeutschen zu hören, ich solle mir doch ein Beispiel an Roberto Blanco nehmen und etwas weniger verbissen mit dem Thema Diskriminierung umgehen. Bei aller Liebe, das ist zu viel verlangt. Abgesehen davon habe ich schon genug damit zu tun, mich nicht als Vorzeigemigrant und als Token vereinnahmen und gegen meine »eigene Gruppe« in Stellung bringen zu lassen. Es ist anstrengend, ständig auf der Hut zu sein. Und nicht immer gelingt es mir.

Manche Menschen nehmen die ihnen zugewiesene Rolle als »gute Migranten« noch aktiver wahr als Roberto Blanco. Ich möchte das an einem ganz eigenen Typ von Nichtweißen in Deutschland verdeutlichen: dem (ex-)muslimischen Islamkritiker.

Die Sozialwissenschaftlerin Necla Kelek hat eine Familiengeschichte voller Gewalt unter dem Einfluss eines patriarchalischen Vaters erlebt. Ihre eigenen Erfahrungen sowie andere Erzählungen von Zwangsverheiratung und Ablehnung fundamentaler Frauenrechte schildert sie in Büchern, Artikeln und Talkshow-Auftritten. In ihrem Buch *Die fremde Braut* erzählt sie beispielsweise von per Heirat und Familienzusammenführung nach Deutschland »importierten Türkinnen« und prägte in der Folge den oft zitierten Begriff von der »Parallelgesellschaft«. Kelek merkte schnell, dass sie als kritische Beobachterin der Muslime in Deutschland bei der biodeutschen Mehrheit auf Anerkennung stieß, und fand offenkundig Gefallen an ihrer Rolle als Token. Für viele wurde sie zur Kronzeugin für die Rückständigkeit »der türkischen Parallelgesellschaft«, denn schließlich prangert sie als Türkin diese Rückständigkeit selbst an.

Beispielsweise beriet Kelek die baden-württembergische CDU bei deren Entwicklung eines »Pascha-Tests«, den Muslime vor dem Erhalt der Staatsbürgerschaft absolvieren sollten. Darin tauchte unter anderem die Frage auf, wie Muslime mit ihren homosexuellen Söhnen oder ihren emanzipierten Töchtern umzugehen gedenken. Wer falsch antwortete, durfte kein Deutscher werden. Wenngleich schnell klar war, dass ein solcher Test nicht nur populistisch, sondern auch verfassungsrechtlich bedenklich und rassistisch wäre, kam der »Pascha-Test« gut an, in allen politischen Lagern. Kelek verteidigte den Test in einem Artikel aus dem Jahr 2006 in der linken *tageszeitung*, wo sie auch für eine Überprüfung der Migranten durch den Staat plädierte.[3]

In einem weiteren Artikel für die *taz* schrieb Kelek sogar, dass man Muslimen und vor allem ihren Verbänden grundsätzlich nicht trauen könne. Letzteren warf sie vor allem vor, die Muslime in Deutschland zu »Opfern von Rassismus« zu stilisieren und damit den Begriff des Rassismus zu bagatellisieren. Das sei »politisch irre«.[4]

»Wenn es sogar 'ne Türkin sagt, muss das ja stimmen, dass alle Muslime gewalttätig sind«, hörte ich einmal einen Pegida-Spaziergänger mit Verweis auf Kelek sagen. Nachdem es zwischenzeitlich etwas ruhiger um sie geworden war, trat sie spätestens im Februar 2016 wieder prominent in Erscheinung, als sie zusammen mit ihrem Sohn Julian in der Zeitung *Die Welt* ein Interview gab. Die beiden saßen auf einem blauen Sofa, beschrieben »den Islam als Diktatur« und trugen ihren Teil zur sowieso schon aufgeheizten Flüchtlingsdebatte bei. Julian Kelek fragte sich mit Blick auf die vielen Geflüchteten: »Könnte es sein, dass meine Nachkommen eine Welt erleben werden, die nicht schöner als meine ist, sondern schlimmer?«[5] Mutter und Sohn gaben sich überzeugt, dass sie zu Deutschland gehörten. So machten sie die neu angekommenen Geflüchteten zwangsweise zu den »anderen Fremden«. Als wenn es noch eines Beweises bedurft hätte, dass den beiden die Rolle von Tokens zugeschrieben wird, wurde Necla Kelek schließlich gefragt: »Wie kommt es, dass Frauen wie Sie (…) als islamophob und hetzerisch bezeichnet werden? (…) Sie sind doch ein solch temperamentvoller, lebensbejahender und humorvoller Mensch.« Das ist genauso ein vergiftetes Lob, wie wenn ich als Araber für meinen politischen Liberalismus beglückwünscht werde.

Wie kommt es, dass die türkischstämmigen Keleks so vehement und pauschal gegen »die Anderen« agieren? Dass Necla Kelek schlechte Erfahrungen mit ihrer eigenen Familie gemacht hat, ist bekannt, reicht aber sicher nicht als Erklärung. Ich selbst mag zum Beispiel die Salafisten aus Marokko nicht, weil ich mit ihnen nur schlechte Erfahrungen gemacht habe. Der Religionslehrer meiner Abiturklasse war so ein fanatischer Salafist. Als ich einmal die Existenz Gottes in Frage stellte, demütigte er mich vor der versammelten Klasse und gab mir eine schlechte Note. Als Klassenstreber habe ich ihm den Schandfleck auf meinem Zeugnis nie verziehen, ich hasse deswegen aber nicht jeden religiösen Araber. Keleks Reaktion kommt mir letztlich vor wie die Überreaktion von jemandem, der die eigene Assimilierung durch eine radikale Abgrenzung von der eigenen Gruppe beglaubigt und sich dafür am xenophoben Diskurs in Deutschland orientiert.

Dabei spielt freilich die Erwartungs- und Anspruchshaltung der Mehrheit eine zentrale Rolle. Von jemandem aus einer Minderheit, der auf Anerkennung und Akzeptanz hofft, wird häufig geradezu erwartet, dass er nicht nur selbstkritisch ist, sondern auch seine Minderheit als ganze kritisiert und sich letztlich von ihr distanziert. So wurde und werde ich nach islamistischen Terroranschlägen regelmäßig aufgefordert, den Islamismus und sogar den Islam als Religion zu verurteilen. Das passiert längst nicht bloß mir, sondern sehr vielen Muslimen und aus muslimischen Familien stammenden Menschen in Deutschland. Von außen werden wir als Muslime identifiziert und markiert, und dann sollen wir uns entscheiden, ob wir auf der richtigen oder auf der falschen Seite stehen wollen. Wer die Erwartungen der Mehrheit erfüllt und sich zum Handlanger des Rassismus machen lässt, wird extra belohnt.

Wenn man sich als Nichtweißer aber einmal für Aggression gegen die eigene Minderheit entschieden hat, ist es schwer, wieder »abzurüsten«, denn dann droht ja sofort wieder der Verlust der so ersehnten (und angenehmen) Anerkennung. Entsprechend groß ist die Versuchung, durch besonders lautes Gebaren den eigenen Status als Token abzusichern und zu rechtfertigen. Die Folge ist mitunter ein regelrechter Tokenismus-Wettbewerb, wie ihn hierzulande auch andere Autoren mit Migrationshintergrund betreiben.

Der ägyptische Autor Hamed Abdel-Samad inszeniert sich beispielsweise dabei als seriöser Experte. Er hat bereits mehrere Bestseller landen können und kommt regelmäßig in den deutschen Feuilletons zu Wort. Selbst als er mit einer vermeintlichen Entführung durch Islamisten in Ägypten, die sich im Nachhinein als keine entpuppte, für Schlagzeilen sorgte[6], hielten viele Medien an ihm als Token fest. Die Sehnsucht nach jemandem, der einfache Erklärungen für komplexe Phänomene wie die Radikalisierung von jungen Muslimen oder die Existenz von so vielen diktatorischen Regimen im Nahen Osten bietet, ist offenbar zu groß. Ein Kritiker, der selbst aus einem muslimischen Land stammt und »die faschistische Ideologie des Islams«[7] und die »Islamisierung des Abendlandes« anprangert, kommt da wie gerufen.

Ein anderes Beispiel: Der türkischstämmige Schriftsteller Akif Pirinçci gibt sich als Freigeist ohne Rücksicht auf die verhasste politische Korrektheit. Er schreibt über die muslimische Frau als »Fickvieh und Gebärmaschine und sonst gar nix«[8]. Der Umgang der weißen Mehrheit mit derlei Verallgemeinerungen über die größte Minderheit in Deutschland ist bezeichnend. Akif Pirinçci musste sich erst bei einer Pegida-Demonstration in Dresden im Oktober 2015 mit KZ-Insassen vergleichen, um bei vielen Medien zur persona non grata zu werden. Der Satz, der ihn seine Karriere kostete, lautete wie folgt: »Aber die KZs sind ja leider derzeit außer Betrieb.« Vorher hatte er davon gesprochen, dass Islamkritiker in Deutschland mundtot gemacht würden, und sich und andere seiner Mitstreiter im Konzentrationslager der politischen Korrektheit gesehen. Vor dieser rhetorischen Entgleisung, mit der Pirinçci auf die angeblich herrschende Zensur in Deutschland hinweisen wollte, hatte auch er zum Beispiel im ZDF auf einem Talksofa Platz nehmen[9] und seine menschenverachtenden Thesen über Nichtweiße, Muslime und andere Minderheiten verbreiten dürfen.

Auch wenn ich im Gegensatz zu Kelek, Abdel-Samad oder Pirinçci – drei ganz verschiedene Persönlichkeiten mit individuellen Lebensläufen – keine Pauschalurteile über Muslime oder den Islam geäußert habe, so ist es doch auch mir schon passiert, dass ich in kleinen, beiläufigen Szenen des Alltags nicht klar genug Stellung bezogen habe. So hätte ich bei dem eingangs erwähnten Gespräch über meinen Atheismus vielleicht noch deutlicher machen sollen, dass fromme Gläubige jeder Religion selbstverständlich auch ihren Platz in unserer Gesellschaft haben müssen. Ich begreife nun mal nicht immer auf Anhieb, was es eigentlich konkret bedeutet, wenn man mich als rühmliche Ausnahme hinstellt. Gut möglich, dass ich mit meiner Reaktion anderen manchmal auf die Füße trete. Wenn beispielsweise jemand mein Deutsch lobt, sage ich: »Danke, aber ich würde sonst wohl kaum als Journalist arbeiten können.« Wenn jemand meine liberale Einstellung hervorhebt, erzähle ich von meiner Hoffnung, dass bald auch eine Mehrheit der Deutschen mit der Homoehe, dem Kopftuch und der feministischen Emanzipation Frieden schließen möge. Oder wenn ich, wie neulich im Drogeriemarkt geschehen, das zu viel ausgezahlte Wechselgeld zurückgebe und der Kassierer sagt: »Von Leuten wie Ihnen hätte ich das nie erwartet.« Meine Antwort lautete: »Nun ärgere ich mich über meine Ehrlichkeit.«

Manchmal überkommen mich allerdings Zweifel, und ich frage mich, ob mein Widerstand gegen Tokenismus am Ende nicht doch zwecklos ist. Im Jahr 2014 wurde ich für einen Journalistenpreis nominiert, der von der Bundesregierung gesponsert wird und dessen Motto lautet: »Macht sie sichtbar – Bildungswege von Migrantinnen und Migranten.« Eine Redakteurin hatte ein Radiofeature von mir eingereicht, in dem ich die Migrationsgeschichte meiner Eltern erzähle – wie sie nach Deutschland kamen, wie sie hier gelebt und gearbeitet haben, sich selbst Deutsch beigebracht und auf eigene Faust Integration betrieben haben, wie sie trotzdem stets das Gefühl begleitete, als »anders« abgelehnt zu werden, nie dazuzugehören, und wie sie am Ende Deutschland wieder frustriert verließen. Ich bekam den Preis zwar am Ende nicht, hatte aber einen sehr schönen Abend – bis sich ein Mitglied der Jury genötigt fühlte, mir im persönlichen Gespräch am Buffet zu sagen: »Wir wollen Reportagen auszeichnen, in denen es um erfolgreiche Migranten geht. Und Ihre Eltern, nun ja, die sind ja nicht so erfolgreich im Leben gewesen. Aber vielleicht machen Sie das nächste Mal einen Beitrag über sich selbst. Sie sind ja ein ganz toller Migrant!«

5 AUCH DIE PASSFARBE ZÄHLT

Im Jahr 2005 war ich siebzehn Jahre alt und wollte endlich die Welt entdecken. Ein ganzes Jahrzehnt hatte ich Marokko nicht verlassen können, denn Marokkaner dürfen nur mit Einschränkungen ins Ausland reisen, und im Übrigen fehlte meiner Familie das nötige Geld dafür. Ich fühlte mich als junger Mensch wie in einem Gefängnis und wollte unbedingt ausbrechen. Jahrelang hatte ich mein Taschengeld für diese eine Sommerreise gespart.

Ich erinnere mich sehr gut daran, wie ich mit meinen Eltern vor der deutschen Botschaft in Rabat in der Warteschlange stand. Schon ab vier Uhr morgens versammelten sich die Antragsteller auf dem schmalen Bürgersteig vor dem Tor. Ein einheimischer Botschaftsmitarbeiter trat kurz vor acht Uhr heraus und schlug mit einem langen Olivenzweig auf uns ein: »Benehmt euch wie Deutsche und wartet in einer geraden Linie!«

Gegen zehn Uhr war endlich ich an der Reihe. Ich wurde in einen kleinen Raum gebeten, wo man mich fotografierte, und musste schriftlich bestätigen, dass ich weder »Mitglied in einer terroristischen Vereinigung« sei noch »Anschläge von Saudi-Arabien oder Afghanistan aus« plante. Die Sachbearbeiterin schaute sich meinen Antrag an und hob dabei demonstrativ ihre linke Augenbraue. Als Grund für meinen Visumsantrag gab ich an, dass ich meine in Deutschland lebende Schwester besuchen wolle. Danach würde ich wieder nach Marokko zurückkehren, um mein Abitur zu machen.

»Sie haben keinen Anspruch auf Rückerstattung der Gebühren«, sagte sie schließlich, und ich dachte, dieser Satz sei lediglich Teil der skurrilen Formalitäten.

Nachdem ich meinen Pass samt Antrag abgegeben hatte, warteten wir wieder stundenlang auf dem Bürgersteig vor der Botschaft. Kurz vor 18 Uhr bekam ich kommentarlos über ein kleines Fenster meinen grünen, marokkanischen Reisepass zurück. Ohne Visum. Dafür aber mit einem fast unlesbaren, weil kontrastarm kopierten Infoblatt. Darauf stand: »Mögliche Gründe für Ihre Ablehnung: Männer zwischen 12 und 55 Jahren bekommen in der Regel kein Touristenvisum.« Ich zerknüllte den Zettel, wischte mir damit die Tränen weg und schmiss ihn auf dem Nachhauseweg aus dem Auto in die Korkwälder Marokkos.

Das Wesen der freien Welt besteht letztlich in der Bewegungsfreiheit ihrer Bürger. Reisefreiheit ist für viele eine Selbstverständlichkeit, ein Thema ist sie aber vor allem für diejenigen, die das Privileg selbstbestimmter Mobilität nicht genießen. Wenn Sie Besitzer eines roten EU-Passes sind, können Sie problemlos in fast jedes Flugzeug auf fast jedem Flughafen dieser Welt steigen. Nicht alle Besitzer eines EU-Passes sind weiß. Wenn man aber weiß ist, besitzt man mit hoher Wahrscheinlichkeit die richtige Passfarbe.

Wenn ich heute von meinen Odysseen in den Botschaften des Westens und den immer wieder nervenaufreibenden bürokratischen Hürden erzähle, denen ich als marokkanischer Staatsbürger in Bezug auf Reisefreiheit und Arbeitserlaubnis begegne, werde ich häufig gefragt, warum ich nicht einfach die deutsche Staatsbürgerschaft annehmen wolle. Ich sei ja schließlich in Deutschland geboren. In der Regel sind es Biodeutsche, die mir diese Frage stellen, und daher habe ich mittlerweile die Antwort immer parat. Sie lautet wie folgt:

Das deutsche Kaiserreich hatte im Jahr 1913 durch ein Staatsangehörigkeitsgesetz definiert, wer Teil des deutschen Volkes war und wer nicht. Demnach galten nur diejenigen als Deutsche, in deren Adern *deutsches Blut* floss. Das Gesetz überlebte zwei Weltkriege, die deutsche Teilung sowie die Wiedervereinigung und stellt bis heute die Basis für das Zusammenleben von »Deutschen« und »Nichtdeutschen« dar.[1] Eine Reform aus dem Jahr 2000[2] ermöglicht es in Deutschland geborenen Kindern von Ausländern, die deutsche Staatsbürgerschaft unter bestimmten Auflagen zu erhalten: Sie müssen nach 1990 geboren sein, mindestens sechs Jahre in Deutschland eine Schule besucht und danach einen deutschen Abschluss erworben haben, im Normalfall vor ihrem 21. Lebensjahr auf ihre zweite Staatsbürgerschaft verzichten und über mindestens ein Elternteil verfügen, das mindestens acht Jahre legal in Deutschland gelebt hat. Die im Gesetzestext[3] formulierten Bedingungen sind auf jeden Fall so kompliziert und exklusiv, dass diese Option für mich leider nicht in Betracht kommt. Es gäbe noch einen anderen Weg: Um eine Niederlassungserlaubnis, also einen unbefristeten Aufenthaltstitel zu erhalten, muss ich einerseits mindestens acht Jahre am Stück in Deutschland gelebt haben, was ich mittlerweile tue. Andererseits muss ich aber mindestens so viel wie ein Chefredakteur verdienen, was ich natürlich nicht tue. Ohne Niederlassungserlaubnis kann ich keinen Antrag auf eine Staatsbürgerschaft stellen. Wenn du Deutscher werden willst, aber das falsche Blut in deinen Adern fließt, stehst du als Nichtweißer in Deutschland vor kaum zu überwindenden Hürden.

Und so kommt es, dass ich mich regelmäßig vor Botschaften und in Ausländerbehörden anstellen muss, um ein Visum oder eine Aufenthaltserlaubnis zu beantragen, um meine Existenz in Deutschland und als Bewohner der freien Welt zu legitimieren.

Mehr als ein Jahr nachdem die deutsche Botschaft in Marokko meinen Antrag abgelehnt hatte, begab ich mich erneut nach Rabat. Diesmal hatte ich die Zusage für ein Studium in Deutschland und die Bürgschaft eines befreundeten deutschen Professors in der Tasche. Dieselbe Sachbearbeiterin, die meinen Antrag ein Jahr zuvor abgelehnt hatte, schaute sich den Haftungsbrief des Professors an und sagte zufrieden: »Das ist ein Grund, Ihnen direkt hier ein Visum auszustellen.«

In Deutschland angekommen, musste ich freilich lernen, dass mein grüner Pass weiterhin ein Handicap für mich darstellte, auch wenn er nun einen funkelnden Sticker mit Europasternen aufwies.

Im beschaulichen Tübingen, wo ich mein Studium begann, merkte ich aber schon in der ersten Woche, dass mir das Visum nie die ersehnte Freiheit schenken würde. Ich spürte zum ersten Mal, wie schwierig es ist, als Ausländer in Deutschland zu leben. Gleich am Anfang stand schon wieder der Kampf mit der deutschen Bürokratie: Für die Aufenthaltserlaubnis brauchte ich damals einen Nachweis über die Mitgliedschaft in einer Krankenkasse. Die Krankenkasse wiederum verlangte ein gültiges Girokonto. Die Bank, bei der ich das Konto eröffnen wollte, bestand ihrerseits auf einer Anmeldebestätigung, die mir ohne Aufenthaltserlaubnis nicht ausgestellt werden konnte. Ein veritabler Teufelskreis. Spätestens wenn ich meinen grünen Pass vorzeigte – auf einer Behörde, bei der Krankenkasse, in der Bank –, schüttelte man den Kopf und schickte mich weg. Nach mehreren Anläufen fand sich schließlich doch noch eine Lösung: ein Brief von einem guten Freund, gewissermaßen eine weiße Bürgschaft.

Heute wünsche ich mir manchmal die Ausländerbehörde im kleinen Tübingen zurück, denn dort musste ich mich wenigstens nie um fünf Uhr morgens im Freien und bei Starkregen in eine Schlange einreihen. Seit bald zehn Jahren muss ich fast jährlich in einer Ausländerbehörde vorsprechen, seit 2008 geschieht das in Berlin. Ich bekomme dann – zumindest war es bislang immer so – eine Aufenthaltsgenehmigung für ein Jahr, maximal zwei Jahre. Ich könnte ein ganzes Buch über meine Erlebnisse dort schreiben, möchte mich hier aber auf eine Episode beschränken.

Als ich nach meinem Masterabschluss ein journalistisches Volontariat beim *Tagesspiegel* in Berlin anfangen wollte, benötigte ich dafür eine entsprechende Aufenthaltserlaubnis. Wieder einmal saß ich also im Wartebereich B der Berliner Ausländerbehörde und wurde dort Zeuge, wie die Polizei einen schwarzen Mann festnahm. Der südafrikanische Arzt hatte sich etwas laut, aber keineswegs aggressiv über die Prozedur beschwert und wurde deswegen abgeführt. Eine Chinesin saß in einer Ecke, blickte starr auf ihren Pass und weinte vor sich hin. Neben mir schrieb ein Kurde eine SMS: »Ich habe große Angst vor diesem Ort.« Die übrigen Ausländer stierten sichtlich niedergeschlagen auf den Bildschirm an der Wand. Auf »Warte TV« war zu lesen, dass die Ausländerbehörde »definitive Entscheidungen über den Aufenthalt« treffe. Wie beruhigend, dass die Berliner Ausländerbehörde über ein Auffangnetz verfügt: Es ist auf Höhe der ersten Etage über den Hof gespannt – falls jemand auf die Idee kommen sollte, sich aus dem Fenster zu stürzen.

Endlich! Neben meiner Vorgangsnummer leuchtete auf

der Anzeigetafel »Raum 171« auf. Dort begegnete ich dann Frau H., der Sachbearbeiterin. Sie bemühte sich um ein Lächeln und fragte routinemäßig: »Was kann ich für Sie tun, Herr Anjihad?«

Ich reichte ihr meinen grünen Pass und bat um eine Verlängerung meiner Aufenthaltserlaubnis. Sie blätterte in meinem Pass herum und fing plötzlich an zu lachen. Kopfschüttelnd meinte sie zu mir: »Wir brauchen Ingenieure in Deutschland.« Der branchenübliche bescheidene Lohn für mich Nachwuchsjournalisten war ihrer Meinung nach zu niedrig, um mich als Ausländer für ein Leben in Deutschland zu qualifizieren. Ich solle wiederkommen, wenn ich (als Berufsanfänger!) ein Jahresgehalt von 64000 Euro oder eine »gesellschaftlich relevante Anstellung« vorweisen könne. Ansonsten sei eine Aufenthaltserlaubnis für mich nicht drin.

Nach dem reformierten Aufenthaltsgesetz hätte Frau H. sehr wohl ausreichend Ermessensspielraum gehabt, um dennoch zu meinen Gunsten zu entscheiden. Stets wird ja in Deutschland betont, dass alles nach Gesetz laufe. Doch das Gesetz wird von denkenden und unabhängig handelnden Menschen angewendet. Ihre Meinung fließt in die Entscheidungsfindung ein. So hätte mir Frau H. beispielsweise unkompliziert ein Visum als Volontär im Sinne einer Ausbildung ausstellen können. Doch sie weigerte sich und lachte mich nur aus. »Sie sind ein Flop«, sagte sie zum Abschied. Ich verließ Raum 171 mit einem mulmigen Gefühl im Magen. War es das mit meinem Leben in Deutschland?

Einige Wochen später saß ich erneut im Wartebereich B. In der Zwischenzeit hatte ich mir die nötigen Empfehlungsschreiben von biodeutschen Professoren und Chefredakteuren besorgt, und diesmal klebte mir der Abteilungsleiter höchstpersönlich den Sticker in den Pass. Ein weiteres Mal hatten mich weiße Bürgschaften gerettet und mir geholfen, mein Recht durchzusetzen.

Wie sehr Passfarben unser Leben beeinflussen und wie wir durch die kleinen Hefte, global betrachtet, in Privilegierte und den Rest aufgeteilt werden, wurde mir noch bewusster, als ich 2013 im Zuge der arabischen Revolutionen eine Zeitlang als Reporter in Ägypten arbeitete. In der Ausländerbehörde von Kairo musste ich mir deshalb eine Aufenthalts- und Arbeitsgenehmigung organisieren. Das graue Bürogebäude am Tahrirplatz ist riesig. Wie in Berlin sind die Wege und Flure weit verzweigt.

Ich wollte mir gern das lange Anstehen ersparen und fragte daher den ägyptischen Beamten am Infoschalter, ob es möglich sei, die Zuständigkeit für die Bearbeitung meines Antrags nicht nach meiner Nationalität, sondern nach meinem permanenten Wohnort, also Deutschland, zu ermitteln. Im Klartext: Ich wollte meinen Antrag in der Abteilung für Europäer und Nordamerikaner abgeben und nicht in der für Araber und Afrikaner. Der Mann inspizierte kurz meinen grünen Pass und warf ihn dann achtlos auf den Tresen vor mir. Er beugte sich vor und flüsterte: »Siehst du diese Schalter da hinten? Die sind nicht für Leute wie uns gedacht.« Wir lachten beide spontan, und er erzählte mir, dass der saubere, vollklimatisierte Teil der Behörde »exklusiv für weiße Menschen« vorgesehen sei.

Für »Leute wie uns« waren hingegen dunkle Flure reserviert, deren flackernde Neonröhren nie ausgetauscht wurden. Mir blieb also nichts anderes übrig, als mich dort tagelang mit Palästinensern, Sudanesen und Syrern anzustellen. Abends gingen wir nach Hause, nur um uns am nächsten Morgen um sieben Uhr wieder in die Warteschlange einzureihen. Am dritten Tag kamen zwei Italiener, die sich in dem Behördenlabyrinth verirrt hatten, bei uns vorbei und wunderten sich lautstark über das schlechte Licht und die stickige Luft. Ihr schlichtes Fazit: »Da haben wir es besser.« Sie küssten ihre roten Pässe und suchten rasch das Weite. Sie würden nur ein paar Stunden warten müssen und mit einem Mindestmaß an Respekt behandelt werden. So hat es der Kolonialismus dem globalen Süden beigebracht: Für Bürger von Staaten mit mehrheitlich weißer Bevölkerung gilt mehr oder weniger Reisefreiheit, für den Rest mehr oder weniger das Gegenteil.

Nach vier Tagen bekam ich endlich den Sticker mit dem ägyptischen Adler in meinen Pass geklebt. Der Beamte am Infoschalter, mit dem ich mich mittlerweile angefreundet hatte, gab zu, dass er an meiner Stelle auch lieber mit den Europäern und Nordamerikanern gewartet hätte. »Die richtige Passfarbe zu haben, das wäre schön.«

Die meisten Nichtweißen auf dieser Welt besitzen gar keinen Reisepass. Für jene Nichtweißen, die einen haben und deshalb reisen können, hat er dafür umso größere Bedeutung. Er ist weit mehr als nur ein Stück Papier. Nicht ohne Grund ermahnte mich mein Vater oft, ich solle das kleine Heft »wie die Iris in meinem Auge« hüten. Er selbst bewahrte seinen Pass in der Brusttasche seines Lieblingssakkos im Schrank auf. Mindestens einmal im Monat kontrollierte er, ob das Heft noch da war.

Ausweispapiere teilen Menschen in Kategorien ein: In der Berliner Ausländerbehörde gibt es eine Abteilung für Afrika, im Kairoer Pendant eine Abteilung für Europa. Die Diskriminierungen und Privilegierungen, die an die Hautfarbe geknüpft werden, finden sich jeweils in diesen Abteilungen wieder. Man könnte auch sagen: »guten« und »schlechten« Hautfarben entsprechen gute und schlechte Passfarben.[4] Gleichzeitig existieren unübersehbar viele Menschen, die überhaupt keine Chance haben, Reisedokumente, die sie als freie Menschen ausweisen, zu besitzen. Und die Sortierung der Welt in rote, blaue und grüne Pässe, in Reiseweltmeister und Gefangene, schreitet weiter voran. Sie markiert auch eine Trennung zwischen Weißen und Nichtweißen.

»Wie mächtig ist Dein Pass?«, fragte mich neulich ein Eintrag auf Facebook. Der Link führte auf eine Internetseite[5], auf der ich meine Staatsangehörigkeit eingeben sollte. Achtzig Ränge waren aufgelistet. Als marokkanischer Staatsbürger landete ich zusammen mit Mongolen und Beninern auf Platz 56, der Abstand zu den letztplatzierten Südsudanesen und Palästinensern fühlte sich aber nicht sonderlich groß an. Die ersten zehn Ränge teilten sich vor allem Angehörige europäischer und nordamerikanischer Staaten.

Der »mächtigste« Pass weltweit ist rot und mit einem goldenen Bundesadler geschmückt.[6] Deutsche Staatsbürger durften im Jahr 2016 in 177 von offiziell 194 existierenden Staaten auf diesem Planeten ohne jegliche bürokratische Hürden einreisen. Natürlich hat das auch historische, politische und wirtschaftliche Gründe, und dennoch bleibt das riesige Gefälle zwischen Reisefreiheiten für die einen und Bewegungsverboten für die anderen frappierend, um nicht zu sagen skandalös – wie immer es auch zustande gekommen sein mag.

In meinem Leben musste ich deswegen schon in zahllosen Botschaften und Konsulaten anstehen: Ein Mitarbeiter der irischen Botschaft weigerte sich zunächst, mir überhaupt ein Visum auszustellen, und tat es erst auf Druck des Außenministeriums in Dublin. Ein Visum für Großbritannien kostete fast viermal so viel wie die Flüge nach und von London. In der serbischen Botschaft sagte mir der Sachbearbeiter, er habe noch nie mit einem Marokkaner zu tun gehabt. Er sah mich an, als wäre ich Bigfoot oder E. T. Und weil ich als Reisender mit falscher Passfarbe so viel Irritationen auslöse, schaffte es die albanische Botschaft nicht, mir rechtzeitig vor meinem Flug nach Tirana ein Visum auszustellen – obwohl die Sachbearbeiter drei Monate Zeit gehabt hatten. Weil ich deshalb die Teilnahme an einem wichtigen Seminar verpasste, beschwerte ich mich beim albanischen Botschafter persönlich. Der Mann saß hinter seinem Schreibtisch aus Massivholz und aß eine riesige Fleischtomate, als wäre es ein Apfel. Während er kaute, sagte er: »Was willst du schon in Albanien? Du hast ein Schengen-Visum, das ist viel besser.«

Mit der Zeit entwickelte ich allerdings einen gewissen Ehrgeiz, diese Ungerechtigkeit zu überwinden. Ich wollte mehr und mir auch selbst beweisen, dass ich die Grenzen, die für meine Freiheit vorgesehen sind, herausfordern kann. So beschloss ich beispielsweise in einer schlaflosen Nacht im Jahr 2010, in die USA zu reisen – und bei der Gelegenheit auch gleich nach Mexiko, weil ich schon immer mal dorthin wollte und die dortigen Behörden das US-Visum praktischerweise auch für ihr Territorium gelten lassen.

Hinter dem Panzerglas von Schalter Nummer zwei in der Berliner US-Botschaft begrüßte mich ein paar Tage später eine Frau mit einer langen Nase, auf der eine Warze thronte. Sie trug einen spitzen schwarzen Hut, ihre Haare standen in Blitzform links und rechts ab. Mit einem grollenden Lachen fragte sie mich: »Was möchtest du, mein Kind!? Hahahaha!«

Halloween wird in den USA sehr ernst genommen.

Ich schob der Hexe nervös meinen Antrag durch den

Dokumentenschlitz zu und bekam im Gegenzug ein klebriges Karamellbonbon. Am Schalter Nummer drei hatte sich die Sachbearbeiterin als Wahrsagerin verkleidet. Also fragte die Hexe sie: »Was sagt die Glaskugel? Wird Mohamed reisen dürfen oder nicht?«

Ich bekam das Visum – denn ich hatte wohlweislich eine weiße Bürgschaft organisiert.

Später fand ich mich an einer der am schärfsten bewachten Grenzen zwischen dem globalen Norden und dem globalen Süden wieder. Ich wollte für eine Reportage vom mexikanischen Chihuahua aus nach Texas einreisen, und wurde dabei prompt festgenommen. »Dies ist eine normale Vorgehensweise und dient Ihrer eigenen Sicherheit«, sagte der texanische Sicherheitsbeamte. Ich verstand nicht, was das Ganze sollte, besaß ich doch ein gültiges Visum für die USA. Ehe ich mich versah, ketteten mich zwei Grenzschützer an einen Stuhl aus Stahl, der am Boden befestigt war. Neben mir in den nebeneinander platzierten, stickigen Metall-Containern saßen Hunderte Mexikaner in Reihen, alle offenbar ebenfalls zu ihrer eigenen Sicherheit verhaftet. In dem Raum mit niedriger Decke war es düster. Ich beugte mich nach vorne und konnte das Ende der Reihe nicht erkennen. Dann war ich mit den Sandkörnern beschäftigt, die sich in meinen Mund verirrt hatten. Im Minutentakt brachten Grenzbeamte weitere Mexikaner herein. Und dennoch konnte ich trotz dieser beängstigenden Kulisse in dem Augenblick nur an ein Glas Wasser denken, mit dem ich meinen Mund hätte ausspülen können. Ich fragte über eine Stunde lang immer wieder nach Wasser, wurde von den Beamten aber demonstrativ ignoriert.

Meine biodeutschen oder sonstigen weißen Freunde, die regelmäßig ähnliche Grenzen überqueren, verstehen nie, weshalb gerade mir so etwas passiert. Ich bin mir dabei nicht sicher, was sie mehr empört: die Tatsache, dass ich an Grenzen häufig aufgehalten oder festgenommen werde, oder die, dass sie dieselben Grenzen ungehindert passieren können.

Am Übergang von Ciudad Juárez in Mexiko nach El Paso in Texas war ich drauf und dran, etwas Dummes zu sagen, da stupste mich der Mann neben mir mit dem Bein an. Weil es nicht genügend Handschellen für alle gab, waren seine Hände mit einem Plastikseil zusammengebunden. »Cállate!«, ich solle schweigen. Sein Gesicht war schweißüberströmt. »Wer sich beschwert, bleibt angekettet.« Daraufhin erzählte mir José seine Geschichte: Er habe gültige Reisepapiere und eine Arbeitsgenehmigung für die USA. Doch jedes Mal wenn er seine Familie in Mexiko besuche und nach Texas zurückreisen wolle, lande er gefesselt auf einem dieser Stühle. Jedes Mal ließen sie ihn nach einigen Stunden frei. Er habe aufgehört, sich zu wundern. Außerdem wolle er sich nicht beschweren. Gott habe ihm nun mal die falsche Passfarbe beschert, und er sei glücklich, dass er nach den stundenlangen Aufenthalten im Container stets weiterreisen dürfe.

Nach vier Stunden und einem Kreuzverhör ließen mich die Grenzbeamten frei und wünschten mir einen schönen Aufenthalt in den USA. Zuvor hatten sie mir noch verboten, mich von José zu verabschieden. Trotz Müdigkeit konnte ich im Hotel in El Paso nicht einschlafen und sinnierte die ganze Nacht darüber, warum diese Unterschiede zwischen uns Menschen überhaupt gemacht werden. Im Rückblick staune selbst ich ein wenig über mich und diesen naiven Gedanken, der mir im Zustand völliger Erschöpfung kam. Andererseits: Was ist naiv daran, es unerklärlich skandalös zu finden, dass die einen selbstverständlich reisen dürfen, wohin sie wollen, und die anderen genauso selbstverständlich nicht, nirgendwohin?

In Kreuzberg machte ich neulich die Nacht mit einer New Yorker Künstlerin durch. Ich hatte Janice zuvor in einer Bar getroffen. Sie hatte deutsche Vorfahren und gönnte sich eine Auszeit in Berlin, der Plan war irgendetwas zwischen sechs Monaten oder sechs Jahren. Mittlerweile lebte sie immerhin schon mehr als ein Jahr in Deutschland.

»Ich bin privilegiert«, sagte Janice und schüttelte dabei demonstrativ ihre blonden Haare. Zwischen Ciudad Juárez und El Paso hätten Sicherheitsbeamte sie einmal ohne jede Passkontrolle durchgewinkt. Das würde ihren nichtweißen Freunden aus New York nicht passieren – obwohl deren Pässe ja auch die richtige Farbe besäßen.

»Ich bin frei, weil ich Weiße bin« – dieser Satz von Janice bedeutet mir sehr viel. Vielleicht, weil ich insgeheim die Hoffnung hege, dass ein solches Bewusstsein für die eigenen individuellen Privilegien der erste Schritt zum Abbau von Grenzen ist – der Grenzen zwischen Industrie- und Entwicklungsländern, zwischen Passfarben, zwischen Hautfarben. Wenn ich in Botschaften weniger oder vielleicht gar keine Irritationen mehr auslösen würde, das wäre ein guter Schritt nach vorne. Wenn ich beim Check-in am Flughafen die Schlange nicht mehr aufhalten müsste, weil die Mitarbeiter der Airline skeptisch sind, ob ich überhaupt ihr Flugzeug betreten darf, das wäre schön. Wenn es irgendwann nicht mehr richtige und falsche Passfarben gäbe, so sähe Utopia aus.

Janice erklärte mir im Übrigen, niemand habe sie je auf ihre Integration in die deutsche Gesellschaft angesprochen. »Ich habe versucht, Deutsch zu lernen, habe es dann aber aus Faulheit gelassen.« Sie sei ja auch keine richtige Ausländerin.

Zumindest werde sie nie so behandelt wie ich, Mohamed. »Wir Weiße sind überall Expats.« Expat ist die Abkürzung des englischen Wortes »Expatriate«, was so viel bedeutet wie internationale Fachkraft. »Expat«, so Janice, »ist für mich aber ein Synonym für weißer, also guter Migrant.«

6 HILFE! WEISSE WOLLEN MEIN LEBEN RETTEN!

Frisch nach Deutschland zurückmigriert, verbrachte ich die letzten Sommerwochen vor dem Start des akademischen Jahres 2007/08 nicht ganz freiwillig im Haus meiner Schwester in einem abgelegenen osthessischen Dorf. Ich hatte nicht viel Geld und musste den Rest des Sommers irgendwie überbrücken. Ich war im Dorf einer von zwei Nichtweißen unter exakt 1382 biodeutschen Bewohnern.

Das mit dem »Haus meiner Schwester« ist strenggenommen nicht ganz korrekt. Meine Mutter erzählte ihren Freundinnen in Marokko gern, dass es »uns« gehöre, weil der Besitz einer Immobilie in Europa für viele Marokkaner ein unmissverständliches Zeichen von sozialem Aufstieg ist. In Wirklichkeit wohnte meine Schwester im zweistöckigen Familienhaus ihrer biodeutschen Schwiegereltern. Frühmorgens, kurz bevor der Schulbus an der Friedhofsstraße hielt, verschwanden sie und mein Schwager in ihren Autos zur Arbeit. Ich blieb mit meiner kleinen Nichte und ihren Großeltern zurück. Wir nahmen unter der Woche jeden Morgen gemeinsam am Küchentisch das obligatorische herzhafte Frühstück ein und spazierten anschließend gemütlich zum Dorfkindergarten.

»Schaaau maaal«, sagte Ulrike langsam und mit leicht erhöhter Stimme schon in der ersten Woche meines erzwungenen Landurlaubs. »Daaas iiist eiiin Faaahradweeeg.« Die Schwiegermutter meiner Schwester wedelte mit den Armen, um das Treten in die Pedale zu simulieren. Ihre feinen blonden Haare wirbelten dabei durch die Luft. Ulrike und ich hatten uns vor nicht allzu langer Zeit bei ihrem Marokko-Urlaub schon mal gesehen und uns bei der Gelegenheit auf Deutsch über alle möglichen Dinge unterhalten: über die Dreifaltigkeit (Ulrike ist gläubige Katholikin), die letzte Kommunalwahl (sie hatte damals die Sozialdemokraten noch als wählbar bezeichnet) und den Klimawandel (jedes Wetter-Gespräch lässt sich irgendwie weiterführen). Wir hatten das obligatorische »Du sprichst aber gut Deutsch!« also eigentlich längst hinter uns gebracht und waren meiner Meinung nach dabei, eine freundschaftliche Beziehung aufzubauen. Doch nun stand diese sehr nette und intelligente Frau vor mir und ruderte weiter heftig mit den Armen. Als wäre sie eine Flugbegleiterin bei der Vorführung der Sicherheitsbestimmungen, deutete sie schließlich auf den Verlauf des schnurgeraden Fahrradwegs und rief: »Hiiier niiicht laaaufeen.« Meine normalerweise sehr aufgeweckte Nichte, damals erst vier Jahre alt, sah mich mit großen Augen an, so als wartete sie gespannt auf meine Reaktion und auf die Pointe dieser absurden Aufführung.

Ulrikes Versuch, mir das Konzept des Fahrradwegs zu erklären, verschlug mir buchstäblich die Sprache. Statt trocken anzumerken, dass auch Menschen in Afrika Fahrrad fahren und dass die Qualität des Straßenbelags dort regelmäßig eines der heißesten Wahlkampfthemen darstellt, und so auf die Absurdität des Ganzen aufmerksam zu machen, starrte ich die rudernde Schwiegermutter bloß mit offenem Mund an. Es sollte nicht die einzige Episode im Dorf bleiben, bei der ich mich wie ein Anthropologe fühlte, der gerade eine ihm unbekannte, exotische und irgendwie auch faszinierende Kultur entdeckt.

Nach zwei Wochen professionalisierte ich meine Feldforschung und legte mir ein Tagebuch zu. Am 9. August 2007 notierte ich etwa: »Wenn ich nachmittags alleine einen kleinen Spaziergang wage – und natürlich nicht auf dem Fahrradweg laufe –, bewegen sich Gardinen hinter Fenstern, Silhouetten erscheinen hinter den mit Blumen verzierten Spitzenstoffen.« Ich merkte, dass meine Präsenz im Dorf etwas in den Dorfbewohnern auslöste, zumindest verhielten sie sich mir gegenüber merkwürdig. Stattete ich zum Beispiel der Dorfbäckerei mit ihrem kleinen, überteuerten »Gut & Günstig«-Sortiment oder der örtlichen Schlecker-Drogerie einen Besuch ab, verfolgten mich die Verkäuferinnen jeweils mit Argusaugen durch die wenigen Regalreihen. Sie fragten mich dann, ob sie mir helfen könnten, wobei sie die Wörter genauso übertrieben langsam und gedehnt aussprachen wie Ulrike und dazu eine Art Zeichensprache benutzten. Die Drogerie-Mitarbeiterin deutete dann beispielsweise zunächst mit dem Finger auf sich, danach auf mich und dann auf einzelne Produkte in den Regalen. Verdutzt brachte ich nur das Wort »Schokolade« über die Lippen, woraufhin sie mir eine Tafel Bitterschokolade in die Hand drückte. Eigentlich mochte ich viel lieber Vollmilch, aber damit meine gut integrierte Schwester meinetwegen bloß keinen Ärger bekam, kaufte ich spontan beide Sorten. Die Verkäuferin war kurz davor, mir über die Haare zu streicheln.

Wenn ich das Fahrrad meines Schwagers auslieh und damit peinlich genau auf dem verwaisten Fahrradweg fuhr, bekam ich immer wieder mit, wie Kinder ihre Eltern fragten, woher dieser »komische Mann« komme. Die Erwachsenen stellten sich dann schützend vor ihre kleinen Söhne und Töchter und erklärten ihnen laut und deutlich, damit ich es auch ganz bestimmt mithören konnte, dass ich wahrscheinlich zu Familie S. am Ende der Straße gehöre und nichts Schlimmes tue. Ein Nachbar schob noch ein »hoffentlich« hinterher, und eine Mutter meinte es bestimmt gut, als sie zu ihrem Kind sagte: »Das ist auch ein Mensch, Schatz.«

»Das Dorf ist sehr komisch«, lautet ein Eintrag in meinem Tagebuch.

An einem der ersten Wochenenden erzählte ich meiner Schwester von der Pantomime spielenden Schwiegermutter, den aufdringlichen Verkäuferinnen und den misstrauischen Nachbarn. Sie sagte zunächst nichts. Im Lauf der Jahre, so wurde mir aber erst später klar, hatte sie sich regelrecht antrainiert, unangenehme Situationen auszusitzen oder stoisch zu ignorieren. Sagte die Schlecker-Verkäuferin oder der Nachbar etwas Rassistisches zu ihr, schwieg sie einfach, eine Strategie, die ihre Integration interessanterweise eher vorantrieb als hemmte. Weil ich aber gar nicht mehr aufhörte zu reden, erbarmte sie sich schließlich doch und versuchte mir Mut zu machen. Ich würde mich schon irgendwie an die Eigenheiten der Dorfbewohner gewöhnen, und irgendwann, wenn man lang genug dabei sei, gewöhnten sich die meisten Dorfbewohner auch an uns, die wir nun mal anders seien. Auch den paternalistischen Ton mir gegenüber solle ich nicht zu ernst nehmen, den könnten die Leute hier eben nicht einfach so ablegen.

Gerhard, der gutherzige Schwiegervater meiner Schwester, dehnte nicht die Vokale, wenn er mir die Welt erklärte. Das lag aber wohl in erster Linie daran, dass er leicht stotterte. Eines Sonntags erzählte er mir von der Flucht seiner Mutter aus Schlesien. Weil ich durchaus mehr über diese Geschichte erfahren wollte, vor allem aber weil ich so schlecht Nein sagen konnte, begleitete ich ihn kurz darauf zum Dorffriedhof, wo mir Gerhard unbedingt das Grab seiner Mutter zeigen wollte. Zwischen den massiven Marmorgräbern und den Blumenbeeten trafen wir auf Gerhards beste Freundin. Nennen wir sie Elvira, weil ich ihren Namen vergessen und damals nicht in mein Tagebuch notiert habe. Ich erinnere mich allerdings noch sehr gut an die grüne Gießkanne in ihrer Hand, an ihre lilafarbene Strickjacke und ihre hochgesteckten grauen Haare. Sie und Gerhard begrüßten einander herzlich und begannen sich zu unterhalten. Die ersten fünf Minuten blendeten sie mich komplett aus. Um nicht blöd in der Gegend herumzustehen – Smartphones gab es damals noch nicht –, wippte ich währenddessen leicht mit meinem linken Bein und betrachtete die Umgebung: die watteartigen Wolken am blauen Himmel, die säuberlich gestapelten Steine der Friedhofsmauer, die sich bewegenden Lippen von Gerhard und Elvira.

»Sag mal, wen hast du denn da mitgebracht?«, fragte Elvira schließlich.

Ich wollte antworten und mich vorstellen, aber da erklärte ihr Gerhard schon, wer ich sei.

»Und was macht er hier?«

Wieder wollte ich antworten, aber wieder war Gerhard schneller und sagte ihr, dass ich bald studieren würde, Politik und Ethnologie, und vorher für kurze Zeit bei meiner dorfweit bekannten Schwester wohnte.

»Und wie ist er in unser Dorf gekommen? Kann er Deutsch? Kann ich euch irgendwie mit den beiden [also mit mir und meiner Schwester] behilflich sein?«

Elvira und Gerhard unterhielten sich noch eine Weile weiter über mich in der dritten Person – während ich unmittelbar daneben stand und wieder dazu überging, die Umgebung zu betrachten. Schließlich verabschiedete sich Elvira und spazierte mit ihrer Gießkanne zu ihrem klapprigen Kleinwagen. Gedankenversunken folgte ich Gerhard zum Grab seiner Mutter, wo er mir ausführlich darlegte, dass man in Deutschland die Toten in Särgen beerdige.

Es wäre nun weder fair noch hilfreich, die biodeutsche Landbevölkerung pauschal als unwissende Weiße hinzustellen oder älteren Menschen wie Ulrike und Gerhard den paternalistischen Umgang mit mir vorzuwerfen. Denn dieser Paternalismus begegnet mir nun schon seit einem Jahrzehnt überall in Deutschland – auch in den multikulturellsten Großstädten der Republik. Spätestens aber seitdem so viele Geflüchtete aus dem Nahen Osten und aus Nordafrika in Deutschland ankommen, spätestens seitdem vorübergehend die neue bundesrepublikanische Willkommenskultur ausgerufen wurde, denke ich, es ist an der Zeit, dass wir über diesen unreflektierten weißen Paternalismus reden.

Von der Ankunft der Schutzbedürftigen aus Syrien und dem Irak am Münchner Hauptbahnhof im Sommer 2015 gingen historische Bilder um die Welt. Noch nie zuvor hatte ich die Barmherzigkeit und die Hilfsbereitschaft der Deutschen so intensiv gespürt. Nachdem ich die Bilder von Münchnerinnen und Münchnern, die bunte Willkommensschilder malten, Wasserflaschen verteilten und Kriegskinder umarmten, in der Zeitung und in Fernsehbeiträgen gesehen hatte, fuhr ich selbst als Reporter in die Weltstadt mit Herz. Von den positiven Vibes dort, die rechte Populisten schon bald als den Anfang vom Untergang bezeichnen sollten, zehre ich noch heute: Ich werde diese wuselige Atmosphäre, dieses Sommermärchen, dieses freundliche Gesicht Deutschlands nie vergessen, trotz der Erinnerungen an manch peinliche Seite der Willkommenskultur.

Wenige Augenblicke nach meiner Ankunft am Hauptbahnhof begegnete mir eine ältere Frau im dirndlartigen Kleid. Als Journalist bin ich auf offene und redselige Menschen angewiesen, und so freute ich mich, als mir die Frau am Gleis entgegenkam, dabei herzlich lächelte, ihre Arme ausbreitete und einmal in die Hände klatschte. So als wollte sie mir signalisieren: Wir schaffen das!

Die Helferin blieb vor mir stehen und bedeutete mir mit einer Handbewegung, dass ich warten sollte. Sie kramte eine ganze Weile in ihrer Umhängetasche herum und holte schließlich zu meinem Erstaunen eine kleine Seife in einer blauen Plastikverpackung heraus. »Soaaap is goood«, sagte sie und hielt mir das gute Stück vor die Nase. Seit meiner Fahrradweg-Episode mit Ulrike im hessischen Dorf waren acht Jahre vergangen, in denen ich gelernt hatte, solchen Situationen mit einer gewissen Schlagfertigkeit zu begegnen. In dem Moment jedoch hielt ich mich spontan zurück, vermutlich um die gute Stimmung nicht kaputtzumachen. Stattdessen stellte ich mich ihr mit meinem seriösesten Lächeln als Journalist aus Berlin vor und lehnte das Hilfsangebot dankend ab. Als hätte sie mich nicht verstanden, wedelte die Frau weiterhin mit der Seife vor meiner Nase herum: »Soaaap is goood!«

Spätestens jetzt war mir klar, dass es nichts mit einem Interview werden würde, ich verabschiedete mich höflich und entfernte mich ganz langsam. Hartnäckig lief mir die Frau hinterher und wiederholte immer wieder, wie gut Soaaaap sei. Nachdem ich sie zwischen zwei Gleisen endlich abgehängt hatte, musste ich mich erst einmal fangen. So unangenehm es mir im Rückblick ist: Ich fuhr mir sogar kurz mit der Hand übers Gesicht, um sicherzugehen, dass es nicht verdreckt war oder dass ich nicht einen Fleck auf der Nase hatte. Womöglich hatte sie mir ja deswegen ihre Seife angeboten.

Als ich mich gerade halbwegs in Sicherheit wähnte, tauchte plötzlich eine andere Helferin auf. Sie war etwa in meinem Alter, kam direkt und entschlossen auf mich zu, in der Hand ein Käsebrötchen. Ich setzte rasch wieder meinen seriösen Gesichtsausdruck auf und bereitete im Kopf meine Reporterfragen vor. »Warum helfen Sie? Was ist Ihre Motivation?« Obwohl ich mich ihr auf Deutsch vorstellte und sie auf Deutsch fragte, antwortete sie jedes Mal in einer Art Pidgin-Englisch, weil sie unerschütterlich davon ausging, dass ich ein frisch eingetroffener Flüchtling aus Syrien oder Afghanistan sei. Sie war aufgeregt, korrigierte sich immer wieder und sagte irgendwann leicht resignierend: »I don't know!« Dann hielt sie mir das Brötchen hin. Um nicht unhöflich zu wirken, nahm ich es – und schenkte es später einem Obdachlosen. Er war einer der wenigen Biodeutschen, die an diesem Tag nicht auf Teufel komm raus versuchten, mich zu retten. Zwar hatte ich zwischendurch auch HelferInnen getroffen, die mich als deutschen Journalisten akzeptierten, ohne sich über mein Aussehen zu wundern, aber ich muss sagen, dass es doch eher schwierig war, im manchmal zu hilfsbereiten München reflektierte Menschen ausfindig zu machen.

Noch Tage danach fragte ich mich, was mir da im Münchener Hauptbahnhof, am Ort meiner ganz persönlichen politischen Utopie, eigentlich widerfahren war und was ich von dem Verhalten zumindest einiger der anwesenden Biodeutschen halten sollte. Sosehr ich grundsätzlich Respekt vor dem enormem Engagement all der meist ehrenamtlichen Helferinnen und Helfer hege – es gab und gibt immer wieder

Situationen wie die eben geschilderten, in denen etwas auf geradezu tragische Weise schiefläuft.

Bei Ulrike, Gerhard, Elvira und den anderen Dorfbewohnern führten Berührungsängste und ein gelernter Rassismus dazu, dass sie fest daran glaubten, ich könne nicht wissen, wie ein Fahrradweg funktioniert oder wie man Tote in Deutschland ordnungsgemäß bestattet. Die Folge war ein teilweise skurriler Paternalismus, den ich nervig fand und über den ich mich manchmal ziemlich aufregen konnte. Bei den überengagierten HelferInnen in München begegnete mir jedoch eine besondere, in gewisser Weise noch skurrilere Form von Paternalismus: der »weiße Retterkomplex«.

Viele Weiße – und unter ihnen oft gerade die engagierten – sehen in schwarzen Menschen lediglich den hungernden Afrikaner, so wie sie in Orientalen nun fast nur noch hilfsbedürftige Geflüchtete und Opfer erkennen. Ich wurde in München plötzlich selbst zum Flüchtling, nur weil ich so aussehe, wie ich aussehe. Und das ist noch nicht mal der Kern des Problems: Denn nicht alle Afrikaner leiden Hunger, und Geflüchtete benötigen nicht immer Seife. Trotzdem wird fleißig geholfen, so wie es die Weißen für richtig halten. Dem weißen Retterkomplex liegt eine weit verbreitete Annahme zugrunde: Nichtweiße sind demnach weniger selbständig, man muss ihnen die Welt erklären und sie letztlich sogar vor sich selbst schützen.

Dem weißen Retterkomplex begegnet man übrigens nicht nur im realen Leben, sondern zum Beispiel auch in den fiktionalen Welten des Kinos. Viele Drehbücher aus Hollywood basieren auf diesem Muster. Im Science-Fiction-Film *Avatar* reist beispielsweise der weiße Ex-Soldat Jake Sully auf den Planeten Pandora, wo ein skrupelloser Konzern vom Planeten

Erde die Naturschätze und Ressourcen auszubeuten versucht, ohne Rücksicht auf die dort lebenden außerirdischen, gutherzigen Humanoiden mit blauer Hautfarbe. Sully ist zunächst hin und her gerissen, ob er sich auf die Seite der Starken (also Weißen) oder der Schwachen (also Blauen) schlagen soll, hilft am Ende aber Letzteren, einen Krieg gegen die bösen weißen Invasoren zu gewinnen. Ich fand den Plot schon im Kinosaal etwas suspekt. Sehr erhellend war für mich dann eine Filmkritik der Künstlerin Ezili Dantò, in der sie erläuterte, warum die Phantasiewelt von *Avatar* eine klassische Erzählung vom weißen Retter ist.[1]

Die im Film dargestellte Kultur der blauen Humanoiden ist demnach von haitianischen Traditionen inspiriert. In einer Szene führen die Bewohner von Pandora beispielsweise ein Heilungsritual durch, das so ähnlich auch auf Haiti praktiziert wird. Die blauen Außerirdischen im Film stehen für die nichtweißen Bewohner unseres Planeten. Die Hauptfigur Jake Sully benötigt lediglich drei Monate, um sich diese »fremde Kultur« zu eigen zu machen und der Anführer eines ganzen »fremden Volkes« zu werden. Der weiße Held wandelt sich dabei zum Superhumanoiden, bezwingt den Feind und rettet sein neues Volk vor dem Untergang. Happy End.

Der weiße Retterkomplex hat sich noch in zahlreichen anderen Filmen als dramaturgisches Erfolgsrezept bewährt und trifft ganz offensichtlich den Geschmack des Publikums – vor allem im globalen Norden. Die kritische Filmwissenschaft hat Hunderte Drehbücher auf den Retterkomplex hin analysiert,[2] darunter so bekannte Streifen wie *Blood Diamond* mit Leonardo DiCaprio, *Der mit dem Wolf tanzt* mit Kevin Costner oder *Django Unchained* mit Christoph Waltz. Nicht ganz so spektakulär, aber trotzdem typisch sind auch Filme, in denen weiße Lehrer nichtweiße Jugendliche aus Problemvierteln vor sich selbst retten: *Wilde Gedanken* mit Michelle Pfeiffer beispielsweise, *Music of the Heart* mit Meryl Streep, *Half Nelson* mit Ryan Gosling oder *Der Prinzipal – Einer gegen alle* mit James Belushi. Das Kino ist dabei nur ein Spiegelbild weißer Mehrheitsgesellschaften, in denen entweder Nichtweiße gerettet werden oder aus denen weiße Helden zur Weltrettung ausrücken.

Was im Film Fiktion ist, kennen Nichtweiße wie ich jedenfalls nur zu gut aus eigener Erfahrung. Je privilegierter eine weiße Person relativ zu ihrem nichtweißen Gegenüber ist, desto höher ist die Gefahr, dass der weiße Retterkomplex ins Spiel kommt. Weil es People of Colour auf Dauer aber satthaben oder gar aus Prinzip ablehnen, dass Weiße ihr Leben retten wollen, beginnen sie auszuweichen. Einige machen schlicht die Schotten dicht, so wie meine Schwester. Andere ziehen sich in eigene Lebenswelten ohne Weiße zurück. Wieder andere sehen sich regelrecht genötigt, ihrerseits den vermeintlichen Rettern zu helfen.

Nach meiner Rückkehr von München nach Berlin berichtete ich über die katastrophalen Verhältnisse vor der zentralen Asylbehörde in der Hauptstadt, dem berüchtigten Landesamt für Gesundheit und Soziales (Lageso). Dort waren im September 2015 Tausende Geflüchtete ohne Obdach, ohne Verpflegung, ohne Informationen gestrandet. Nur die Arbeit von unzähligen HelferInnen linderte die Not ein wenig und verhinderte so das Schlimmste. Im Rahmen einer Reportage begleitete ich eine Flüchtlingsfamilie, die tagelang auf dem Rasen vor dem Backsteingebäude übernachten musste. In jenen Tagen fing die Willkommenskultur in Deutschland an zu bröckeln, Politiker redeten die Überforderung regelrecht herbei, Populisten malten immer hemmungsloser das Gespenst der Überfremdung an die Wand, und die ersten HelferInnen fanden es nicht mehr ganz so reizvoll, Käsebrötchen zu verteilen, und verließen das Feld.

Zurück blieben ein harter Kern von Ehrenamtlichen und die verzweifelten Geflüchteten ohne Obdach. Am dritten Tag vor der Behörde waren die Mitglieder der von mir porträtierten Familie so erschöpft, dass sie nur noch apathisch auf dem Boden kauerten. Plötzlich kam ein Helfer hinzu, beugte sich zu den Kindern hinunter, rüttelte sie wach und hielt ihnen Gummibärchen vor die Nase. Die Mutter erklärte ihm mit einem schüchternen Lächeln, dass die Kinder schon genug Süßigkeiten gegessen hätten. Die Kinder selbst schüttelten ihre Köpfe. Vergeblich, denn der Mann ließ einfach nicht locker. Nachdem sie fast fünf Minuten lang versucht hatten, ihm freundlich, aber bestimmt klarzumachen, dass sie keine Gummibärchen wollten, sagte der Vater schließlich halb genervt, halb resigniert auf Arabisch zu seinem Sohn: »Nimm und bedank dich, mein Schatz, damit hilfst du den netten Helfern sehr.« Der Helfer nickte zufrieden und zog weiter, um die nächste Flüchtlingsfamilie zu beglücken. Als er merkte, dass ich Deutsch spreche, meinte er noch zu mir: »Es ist so erfüllend, meine Bürgerpflicht zu erfüllen, ich bin sehr glücklich.«

Der Gummibärchenzwang illustriert sehr anschaulich die Absurdität des weißen Retterkomplexes: Ein allzu selbstzufriedener weißer Held drängt Nichtweißen seine zwar gut gemeinte, aber nicht besonders hilfreiche Hilfe auf. Was in Situationen wie dieser stattdessen wirklich und grundsätzlich helfen würde, wäre allein schon die Bereitschaft, auf Augenhöhe zu kommunizieren, nicht ständig in Klischeebildern und

Opferrollen zu denken und vor allem den in der Tat Hilfsbedürftigen einfach mal aufmerksam zuzuhören.

Aber reicht das bereits, um zu verhindern, dass man in die Paternalismusfalle des weißen Retterkomplexes tappt? Anders gefragt: Kann man als weißer Helfer *überhaupt* richtig handeln? Entwertet das eklatante Privilegiengefälle zwischen dem Weißen, der hilft, und dem Nichtweißen, dem geholfen wird, nicht von vornherein jede Hilfsaktion? Soll man also am besten gar nicht mehr helfen? Neulich äußerte eine biodeutsche Bekannte mir gegenüber genau solche Zweifel. Sie habe das Gefühl, sie als Helferin würde alles nur noch verschlimmbessern. Ich hatte ihr von meinen Erfahrungen in München erzählt, woraufhin sie auf ihr »Praktikum in Afrika« zu sprechen kam. »In jedem Weißen steckt ein kleiner Retter«, sagte sie. Auch in ihr selbst, wie sie in einem Seminar für ehrenamtliche Helfer festgestellt hatte, das sie allerdings erst eine ganze Weile nach ihrem Praktikum besuchte. Die Weiterbildung half ihr, mehr über sich und ihre Haltung gegenüber den Hilfsbedürftigen nachzudenken.

Vor einigen Jahren hatte sie in einer Dorfschule in Tansania einen vierwöchigen Englischkurs gegeben. Mit einer Eigenbeteiligung von knapp 1000 Euro hatte sie dafür an einem Austauschprogramm teilgenommen, das von der Bundesregierung gefördert wird und mit dem Tausende junge Weiße jedes Jahr als Retter in die Entwicklungsländer dieser Welt ausschwärmen. Damals hatte sie eines dieser absoluten Klischeebilder auf ihr Facebook-Profil hochgeladen: Darauf steht sie inmitten von mehreren schwarzen, mageren Kindern und lächelt. Manchmal kaufte sie ihnen Süßigkeiten, das freute alle. Das Praktikum machte sich unterm Strich gut in ihrem Lebenslauf. »Es war so eine Art Abenteuerurlaub –

mehr nicht«, gab sie zu. Ich nickte nur. Es muss eine echte Belastung für die Menschen im tansanischen Dorf gewesen sein, jeden Monat einen neuen, weißen Praktikanten aufzunehmen, ihm oder ihr das Dorf zu zeigen, die Schule, die Sitten.

Ich fand ihre Erkenntnis und Selbstkritik bemerkenswert, und wollte ihr das gerade sagen, als sie ihr Smartphone zückte und mir versprach, dass ich mich gleich köstlich amüsieren würde. Sie öffnete ihre Instagram-App und tippte folgenden Account-Namen ein: @barbiesavior[3] – ein anonymes, satirisches Projekt mit Bilderstrecken in verschiedenen sozialen Medien und einer weißen, hyperprivilegierten, Afrika rettenden Barbie in der Hauptrolle.

Auf einer Collage steht Barbie vor einer schwarzen Tafel und kritzelt unlesbare Wörter vor sich hin. Daneben ist ein Zitat zu lesen: »Wer braucht schon eine professionelle Ausbildung, um Lehrerin in Afrika zu sein? Ich zumindest nicht! Alles, was ich brauche, ist ein Stück Kreide und eine große Portion Optimismus.« Auf einem anderen Bild ist Barbie zu sehen, wie sie sich zum Rhythmus »urafrikanischer Trommelmusik« bewegt: »Ich habe gelernt, wie die Eingeborenen zu tanzen. Mögen die Schwingungen meiner Hüfte so intensiv sein wie der Glaube an mich selbst.« Auf ihrem Oberarm hat sich @barbiesavior die Silhouette des afrikanischen Kontinents tätowieren lassen, daneben steht auf ihrer Haut »te amo«; Barbie erklärt, dass das »Liebe auf Afrikanisch« bedeute. Dann erscheint plötzlich ein #slumfie. Barbie hat mit ihrem Smartphone ein Selfie im Slum zwischen Elend und Wellblechbaracken aufgenommen. Sie lächelt und ist sehr dankbar, dass sie nur sechs Wochen in »Afrika, einem Land voller Armut«, verbringen muss.

Meine Bekannte hatte Jahre nach ihrer angeblichen Wohltat verstanden, dass eine solch selbstbezogene, alles andere als nachhaltige und aus einer rassistischen Struktur resultierende Hilfe mehr Schaden anrichtet, als dass sie irgendwem nützte. Sie versuchte grundsätzlich damit aufzuhören, arme Menschen in Afrika zu retten, achtete bei ihrem Engagement nun mehr darauf, dass die Bedürfnisse der vermeintlich Hilfsbedürftigen im Mittelpunkt stehen, und vor allem konnte sie über Satire lachen, die mit ihr als Person hart ins Gericht ging und die sie zum Nachdenken brachte. @barbiesavior ist zwar eine überzogene und bissige Übertreibung, in der Grundhaltung des Internet-Projekts erkannte sich meine Bekannte aber wieder. Manchmal ist die kritische Selbstbetrachtung von vermeintlichen Rettern die größte Hilfe für Menschen in Not. Denn der weiße Retterkomplex zementiert nur die Einteilung der Menschheit in Opfer und Helfer je nach Hautfarbe. Er ändert dabei nichts an den grundsätzlichen, rassistischen Strukturen, die dafür sorgen, dass Märkte in Entwicklungsländern mit subventionierten Lebensmitteln aus Industrieländern überflutet werden, dass nichtweiße ArbeiterInnen in Südostasien lediglich als billige Ressource gelten oder dass Menschen in postkolonialen und autoritären Staaten der Gewalt und Willkür überlassen bleiben.

Dabei steht außer Frage, dass man Hilfsbedürftigen auch helfen darf, ja helfen soll. Oder besser ausgedrückt: Man darf und soll sich einsetzen, engagieren, austauschen, auf Missstände aufmerksam machen, politisch einen Wandel einleiten, Solidarität üben, auf Augenhöhe und gemeinsam an Lösungen arbeiten und rassistische Strukturen im täglichen Zusammenleben überwinden. »Dabei sollte man sich als privilegierter Mensch aber immer gedanklich, sprachlich und beim Handeln kritisch hinterfragen«, sagt meine Bekannte heute. Der Anblick von @barbiesavior war für diese ehemalige weiße Helferin also die ultimative Rettung.

7 WER REGIERT DIE WELT?

Der Journalistenclub in der 19. Etage des Axel-Springer-Hochhauses ist so etwas wie die Rotary-Vereinigung der Medienschaffenden in Deutschland. Dieser Ort ist eine der exklusivsten Adressen der Bundesrepublik. Regelmäßig kommen hier altgediente Chefredakteure und einflussreiche Ressortleiter mit den wichtigsten Menschen aus Politik, Kultur und Gesellschaft zusammen. Im holzgetäfelten Clubraum atmet man, von alten Ledermöbeln und Wanddekorationen umgeben, den antiquarisch-herben Duft einer längst vergangenen Zeit ein. Hier kommt man allerdings nicht einfach so rein. Im Jahr 2010 wurde mir aber ausnahmsweise Zutritt zu dieser sehr speziellen Institution gewährt. Ich sollte von einer Rede berichten, die der israelische Ministerpräsident Benjamin Netanjahu dort hielt.

Von der obersten Etage des Hochhauses aus konnte ich einen einmaligen Blick auf das verschneite Berlin werfen – und auf die ganze Welt. Im Besprechungsraum klebte nämlich an einer Seite der Glasfassade eine große Weltkarte. Als Netanjahu nach seiner Rede für die Pressefotografen posierte und sich die restlichen Journalisten um ihn scharten, ging ich zum Fenster. Aus der Nähe erkannte ich, dass die bunten Kontinente auf der Karte künstlerisch mit Wörtern gefüllt waren. Die bekannten Silhouetten von Amerika, Afrika, Europa, Asien und Australien bestanden aus Begriffen, die anscheinend für die jeweiligen Länder und Völker dort stehen sollten: Europa und Nordamerika waren »Demokratie«, »Wohlstand«, »Licht« und »Frieden«. Afrika setzte sich dagegen aus »Armut«, »Hunger« und »HIV« zusammen. Der Nahe Osten bestand fast nur aus »Konflikt«, »Terror« und »Krieg«.

Ich könnte die eingeschränkte Sicht vieler Entscheidungsträger in Deutschland und Europa nicht besser illustrieren. Dieses klischeegeladene Bild über uns selbst im Westen und über die Anderen im Rest der Welt ist eine voreingenommene Sichtweise, die mit der Realität nicht viel zu tun hat. Ein solch verzerrter Blick auf die Menschheit bietet sich dabei nicht nur vom 19. Stock des Axel-Springer-Hochhauses, das Problem ist viel größer als der größte Verlag Europas.

In Deutschland sind Migranten und ihre Nachkommen (21 Prozent der Gesamtbevölkerung) sowie auch Frauen (51 Prozent der Gesamtbevölkerung) in vielen Parteien und fast allen Parlamenten stark unterrepräsentiert. Von den 50 einflussreichsten deutschen Unternehmern sind 43 biodeutsche Männer, ein Großteil der Beschäftigten in transnationalen IT-Unternehmen ist ebenfalls männlich und weiß[1]; in der deutschen Film- und Kunstbranche ist die Mehrzahl der Produzenten und Regisseure männlich und weiß, viele SchauspielerInnen of Colour bekommen nur dann Rollen zugewiesen, wenn sie Klischees über Nichtweiße zeigen sollen[2], an den wichtigen Finanzstandorten in New York, London oder Frankfurt sind bis zu 95 Prozent der Börsianer männlich, bis zu 80 Prozent von ihnen sind weiß.[3] Die Liste ist sehr lang, die Schlussfolgerung daraus eindeutig: Weiße Männer sitzen an den Hebeln der Politik, der Wirtschaft und Kultur, sie entscheiden – meist unter sich – über die Köpfe der Anderen hinweg.

Abgesehen von der simplen Ungerechtigkeit eines fehlenden Proporzes stellen sich bei dieser ungleichen Verteilung von Posten und Einfluss weiterführende Fragen: Wie beeinflusst diese Homogenität eigentlich politische und unternehmerische Entscheidungen, die uns alle angehen? Was bedeutet die Tatsache, dass nicht alle Bevölkerungsgruppen angemessen repräsentiert sind, für die Qualität und Relevanz journalistischer Berichterstattung und wissenschaftlicher Forschung?

In der deutschen Medienlandschaft, in der ich mich nun schon eine Weile bewege und die hier als ein anschauliches Beispiel für die Ausmaße der Homogenitätsproblematik dienen soll, weisen laut Schätzungen maximal drei Prozent der Journalisten einen sogenannten Migrationshintergrund auf, noch weniger People of Colour arbeiten dort, und fast 95 Prozent der Chefredakteure von Regionalzeitungen sind weiße Männer.[4]

»Mit biodeutschen Journalisten kann man Schweine füttern«, klagte einmal der Chefredakteur einer großen Tageszeitung mir gegenüber. Er habe in seiner eigenen Redaktion zu viele weiße Männer sitzen, die sich ausschließlich mit biodeutschen Angelegenheiten auskennen würden. Sie könnten exzellente Essays über die Kanzlerschaft von Konrad Adenauer schreiben oder nostalgische Erinnerungen an die gute alte Bonner Republik zu Papier bringen, sie könnten mit Leichtigkeit kluge Texte über die Wagner-Inszenierungen in Bayreuth verfassen oder spontan über die Zukunft der deutschen Autoindustrie philosophieren, doch in die nicht mehr so neuen Entwicklungen eines Einwanderungslands, einer globalisierten und vernetzten Welt mit beschleunigten Migrationsbewegungen müssten sie sich täglich aufs Neue mühsam einarbeiten. Der Chefredakteur versuchte erst gar nicht, sich oder seine eigene Belegschaft zu schonen. Er lobte zwar seine

Mitarbeiter, die ihr Handwerk im Großen und Ganzen ordentlich ausführen, beschwerte sich aber über Auslandskorrespondenten, die keine Fremdsprachen beherrschen, und Kommentatoren, die zwar eine starke Meinung haben, aber nicht wirklich verstehen, was da draußen in Afrika außer Armut und HIV und im Nahen Osten außer Krieg und Terror so passiert.

Spätestens als die ersten syrischen Kriegsflüchtlinge Deutschland erreichten, möchte man meinen, hätte sich jede Redaktion hierzulande um ein Mehr an interkultureller Kompetenz und Kenntnissen in anderen Sprachen reißen müssen. Doch der Wandel in den Köpfen und in den Redaktionen kommt nur schleppend voran – weil nur sehr wenige weiße Männer freiwillig Platz machen wollen, aber auch weil viele nicht einsehen, warum mehr Vielfalt dem Qualitätsjournalismus guttun würde. Dabei formulierte es der eben erwähnte kritische Chefredakteur sehr drastisch: »Entweder wir gehen mit der Zeit oder wir gehen unter.«

Nach meinem Studienabschluss bewarb ich mich bei fast allen großen deutschen Medien um einen Arbeitsplatz. Die *Frankfurter Allgemeine Zeitung* machte es kurz und unkompliziert und schickte mir zügig eine Antwort zurück. »Leider suchen wir nach einem anderen Profil«, stand in dem Absagebrief. Bis heute arbeiten bei der *FAZ* fast keine Journalisten mit Migrationshintergrund, und im Übrigen werden dort nur rund neun Prozent der Ressorts von Frauen geleitet.[5] Wie solche Zahlen in Entscheidungsebenen einzelner Medienhäuser zustande kommen, erklärte im Jahr 2008 Erik Bettermann, der damalige Intendant der *Deutschen Welle*, in seltener Deutlichkeit: »Ich habe in allen […] Redaktionen Leute eingesetzt, die Deutsche sind oder aus dem christlich-abendländischen Kulturkreis stammen.«[6] Bettermann war im Interview gefragt worden, wie er in einer Redaktion, die viele Sprachen und Mitarbeiter aus verschiedenen Ländern vereine, den Überblick bewahre. Dass man ein multikulturelles Programm wie das der *Deutschen Welle* nicht nur mit weißen Männern betreiben kann, liegt auf der Hand. Umso mehr schockierte es damals viele DW-Mitarbeiter, dass der Intendant dennoch aktiv die Aufstiegschancen für Redakteure of Colour beschränkte.

Die Denkweise in anderen Chefredaktionen, Ressortleitungen und Newsrooms ist dem vergleichbar, und sie ändert sich nur sehr langsam – während die gesellschaftliche Realität nicht auf die Medienmacher wartet. Weil ich weiß, dass viele deutsche Verleger sehr auf Zahlen achten, ließe sich deshalb sogar an die ökonomische Vernunft appellieren und argumentieren: Homogen zusammengesetzte Redaktionen können in einer bunten Gesellschaft aus unternehmerischer Sicht keine nachhaltigen Renditen abwerfen. Zwischen der potenziellen Leserschaft und dem journalistischen Angebot sollte keine so große Diskrepanz herrschen.

Selbstverständlich können auch weiße Männer sehr guten Journalismus machen. Dennoch beschäftigen sie sich allzu oft mit Themen, die in erster Linie weiße Männer betreffen. Geschichten über Rassismus oder Sexismus kommen dann automatisch ungenügend in der Berichterstattung vor oder werden mit einem eklatanten Unwissen oder einer unbedarften Ungeschicktheit behandelt. Reportagen aus dem Ausland haben oft etwas von einem, wie ich es nenne, Peter-Scholl-Latour-Blick: Weiße Männer beschreiben exotische Kulturen und fremde Völker.

Im Jahr 2011 standen beispielsweise viele deutsche Journalisten mehr oder weniger ahnungslos vor den Ereignissen der tunesischen und der ägyptischen Revolution. Im Jahr 2014 fanden sich in vielen deutschen Redaktionen keine russischsprachigen Reporter, die den Lesern die russische Perspektive auf die Krimkrise hätten erklären können. Im Jahr 2015, als die syrischen Kriegsflüchtlinge nach Deutschland kamen, merkten viele Medien, wie praktisch es wäre, Mitarbeiter zu haben, die direkt mit den Neuankömmlingen reden könnten. Stattdessen findet sich die Logik hinter der simplifizierten Weltkarte aus dem Axel-Springer-Hochhaus mit wenig schöner Regelmäßigkeit in Zeitungen, Radioprogrammen und Fernsehsendungen wieder.

Der Kinderkanal von ARD und ZDF produziert beispielsweise seit 2013 die Sendung *Das Mutcamp*[7]. Das Konzept ist schnell erklärt: Deutsche, meist weiße Kinder fahren nach Afrika und müssen sich auf diesem »gefährlichen Kontinent« voller Armut und Krankheiten, voller Kriminalität und wilder Natur waghalsigen Mutproben stellen. Sie sollen dabei ihre Ängste überwinden. Dasjenige Kinder-Team, das die meisten Abenteuerspiele gewinnt, geht als Sieger aus der Staffel hervor.

Wenn Lenno, Matz und Jannick, wenn Elsa, Lea und Lena aber wie einst ihre weißen Großväter und Großmütter aus Europa nach Afrika aufbrechen, liegen wie zu Kolonialzeiten ähnliche Motive auf der Hand: Weiße wollen lernen und forschen, sie wollen ihre Ängste besiegen, sich amüsieren, Stärke demonstrieren, fremde Kontinente erobern. Zumindest wird das in der Sendung so oder so ähnlich immer wieder formuliert oder angedeutet. Im Ankündigungstext zur dritten Staffel heißt es: »Die Mutcamper kämpfen hart für ihren Traum von einem unbeschwerteren Leben.«[8] Sie erleben dabei Abenteuer auf einer Safari im gefährlichen Südafrika, führen einen Projekttag in einem armen Township durch, schlüpfen dort in die weiße Retterrolle und streichen die Fassade eines Kindergartens. Zwischendurch müssen sie einen »traditionellen afrikanischen Cocktail aus Zebrablut und Heuschrecken« trinken.[9]

Die Sendung wärmt alte koloniale Denkweisen auf und kreiert dabei Bilder über nichtweiße Menschen, die sich in den Köpfen der jungen Zuschauer festsetzen. Schwarze Kinder sind lediglich Teil der Kulisse und spielen höchstens als Statisten eine Rolle. Als ich die Sendung zum ersten Mal gesehen habe, fragte ich mich, wie wohl afrodeutsche Kinder auf diese Bilder reagieren. Der Kika hat einen klar formulierten Bildungsauftrag, von dem *alle* Kinder in Deutschland profitieren sollten. Eine Redaktion, in der auch Nichtweiße etwas zu melden hätten, würde das Mutcamp vielleicht anders umsetzen oder ein besseres, inklusives Format ausarbeiten, das ohne alte, diskriminierende Klischees auskommt.

Redaktionen bunter zu gestalten würde sich meines Erachtens in jedem Fall qualitativ lohnen. Es wäre dennoch für alle Beteiligten keine leichte Aufgabe, die Medienlandschaft entsprechend umzukrempeln und für das neue Jahrtausend fit zu machen – nicht nur wegen innerer Widerstände, sondern auch weil mit erheblichem Gegenwind von außen, von Seiten der Konsumenten zu rechnen wäre. Strenggenommen gibt es diesen Gegenwind bereits. Eine Studie des britischen *Guardian* zeigte, dass weiße, männliche Journalisten und Autoren vergleichsweise wenig bis gar keine Leserkritik erhalten. Vor allem Kritik, die auf ihre Hautfarbe, ihr Geschlecht oder ihre sexuelle Orientierung zielt, ist diesen Journalisten so gut wie fremd.[10] Hass und Hetze richten sich meist gegen weibliche und/oder nichtweiße Journalisten, egal über welches Thema sie schreiben. Im Jahr 2014 habe ich einmal ein Interview mit dem Osterhasen geführt. Okay, es war ein Minijobber in Berlin, der sich an Ostern als Hase verkleidete und auf Firmenpartys auftrat. Im Gespräch erklärte er mir, wie er in seinem Hasen-Kostüm manchmal aus riesigen Torten herausspringt. Es war also garantiert ein harmloses Interview im Nachrichtenloch der Feiertage. Dennoch kippten danach besorgte Bürger ihren Spott und Rassismus in mein Postfach: Was ich mir als »Musel« dabei denken würde, ein Symbol des Abendlandes »zu beschmutzen«? Allein die Annahme – zum Beispiel mit Blick auf die Autorzeile –, dass es sich nicht um einen weißen, männlichen Autor handeln könnte, lässt manche Leser ausrasten. Und dieser Widerstand kommt, wie schon angedeutet, nicht bloß von außen, wie vier kleine Szenen aus meinem eigenen journalistischen Werdegang verdeutlichen:

1. Hürden vor dem Start

Bei einer linken Tageszeitung wurde ich im Jahr 2009 mit einem »Hallo Ahmadinedschad« begrüßt. Ein wildfremder Ressortleiter nannte mich wie den damals offiziell auserkorenen Chef der »Achse des Bösen« – an meinem ersten Arbeitstag als Hospitant. Der Mann setzte sich dann kurz darauf mit mir zusammen und fragte mich über meine Fähigkeiten aus. Wir wollten erörtern, welche Themen ich übernehmen, welche Reportagen oder Recherchen ich unterstützen könnte – dachte ich zumindest. Es kam anders, denn er fing das Gespräch so an: »Woher kannst du so gut Deutsch? Und wichtiger: Kannst du so gut Deutsch schreiben, wie du sprichst? Wir hatten neulich eine Praktikantin mit Kopftuch, die konnte nicht so gut schreiben. Mir gefiel ihr Stil nicht [...], ich bin nun vorsichtiger geworden mit Ausländern in meinem Ressort.« Er sprach schnell und atemlos. Willkommen bei der linken Presse, dachte ich mir still und staunend.

2. Diskriminierung im Arbeitsalltag

Bei einer großen Lokalzeitung wurde ich einige Jahre später auf dem Flur von einem Kollegen als »Hipster-Salafist« bezeichnet. Ich hatte mit dem besagten Redakteur bis dahin nicht wirklich viel zu tun. Dann kreuzten sich vor dem Fahrstuhl unsere Wege, er erblickte die Kombination meiner orangefarbenen Hose mit dem türkisen Hemd – und nannte mich spontan einen »Salafisten«. Einen Tag vorher hatte in der Zeitung ein Kommentar gestanden, in dem ein hartes Vorgehen gegen salafistische Imame in Deutschland gefordert wurde.

3. Mangelnde Wertschätzung von Vielfalt

Im Großraumbüro einer anderen Zeitung beschwerten sich Kollegen, nachdem ich für einen Artikel mit einem Iraker telefoniert hatte: »Könnten Sie bitte nicht in Fremdsprachen hier telefonieren? Das stört mich. Deutsch ist okay, Englisch auch. Aber bei Chinesisch, Türkisch oder gar Arabisch kann ich mich nicht mehr auf meine eigene Arbeit konzentrieren.« Fortan ging ich für Telefonate, die ich nicht auf Deutsch oder Englisch führen konnte, in Einzelbüros von Kollegen, die gerade im Urlaub waren. Ich musste mich verstecken, um zu arbeiten.

4. Angst vor dem Aufstieg der Neuen

In wieder einer anderen Redaktion wurde ich am Pissoir von einem leitenden Redakteur angesprochen. Ich zog gerade an meinem Reißverschluss, als der ältere Herr neben mir auf einmal sagte: »Ach, Sie sind der neue Araber! Kommen Sie irgendwann in mein Büro, ich würde Ihnen gerne mal ein paar Dinge erklären.« Ein paar Tage später servierte uns seine Sekretärin Kaffee, und er hielt mir einen Vortrag darüber, warum das Wesen des Arabers nicht mit dem westlichen Konzept der Demokratie kompatibel sei. Er gab mir aber zu verstehen, dass es durchaus praktisch sei, so jemanden wie mich in der Redaktion zu haben. »Denn *wir* können Sie gut für unsere Zwecke einsetzen«, sagte er. Als ich ihn fragte, wen er mit »wir« meinte, war das Gespräch plötzlich vorbei.

Deutsche Redaktionen sind, wie erwähnt, nur Beispiele für die Auswirkungen einer homogenen Entscheidungselite. Das Reich von Wissenschaft und Forschung ist ein anderes gesellschaftliches Feld von großer Bedeutung, nur dass auch hier die gesellschaftliche Realität – ihr Wandel – nicht annähernd repräsentiert ist. Im akademischen Betrieb, in dem ich fünf Jahre studiert und gearbeitet habe, konnte ich ebenfalls lernen, warum es nicht gut für alle ist, wenn mehr oder weniger nur weiße Männer das Sagen haben.

Meine Lieblingsprofessorin, eine der wenigen Frauen in Führungspositionen an meinem alten Institut, erzählte mir mal, gegen welche Widerstände sie innerhalb der Universität kämpfen musste, um überhaupt wahrgenommen zu werden: Von alltäglichen sexistischen Bemerkungen über ihr Aussehen und ihre Kleidung bis hin zu undurchlässigen Weiße-Männer-Klüngeln, in denen sich die Professoren gegenseitig unterstützen, um andere auszuschließen, gab es alles, was den Aufstieg einer Frau im Wissenschaftsbetrieb verhindern wollte. Nur mit Hartnäckigkeit und Disziplin und dank einer neuen Hochschulpolitik, die durch viel Lobbyarbeit von Seiten der Betroffenen Vielfalt auferlegt bekam, hatte es meine Professorin geschafft, nach langer harter Arbeit auch eine Berufung zu ergattern. Akademiker of Colour müssen ähnliche Hürden überwinden, sofern sie es überhaupt an die Uni schaffen. Denn an deutschen Hochschulen gibt es weiterhin viele Führungskräfte, die sich gegen eine Öffnung der Bildungslandschaft und damit gegen eine gerechte Teilhabe aller an der Gesellschaft wehren.

Professor H. ist mir als hochgewachsener Mann sehr gut im Gedächtnis geblieben. In Krawatte, feinem Anzug und Lackschuhen stolzierte er oft vorne im Auditorium herum, und anstatt eine wissenschaftliche Vorlesung zu halten, erzählte er stolz, wem er gerade alles in Berlin, London oder Brüssel die Hand geschüttelt habe. »Ein sehr intelligenter Mann«, beschrieb er jeden einzelnen seiner Politikerfreunde. Dort, ganz oben an der Macht, war die Welt für ihn noch in Ordnung – anders als vor ihm im Hörsaal. Sein gewohntes Bild von der Hochschule, wie er sie bis dato erlebt hatte, bröckelte nämlich. In den Hörsälen saßen von Semester zu Semester immer ein bisschen mehr Studierende, die als Schüler kein Austauschjahr in den USA hatten absolvieren können. Dafür mehr Studierende, die mehr Zeit für die Abgabe ihrer Hausarbeiten benötigten, weil sie aus finanziellen Gründen gezwungen waren, nebenbei zu arbeiten, oder die zugeben mussten, dass sie von Kant und Hegel noch keine Zeile gelesen hatten, weil ihre Eltern nicht über eine entsprechende häusliche Bibliothek verfügten.

In einer der ersten Sitzungen hielt Professor H. einen Vortrag über »heutzutage übertriebene politische Korrektheit«, »überflüssige Quoten« und »Di-Ver-Si-Tät«. Als er dieses Wort aussprach, malte er Gänsefüßchen in die Luft. Die Institution Universität gehe aus seiner Perspektive den Bach runter, seitdem man nicht mehr auf Noten, Exzellenz, Persönlichkeiten achte – anders als zu Professors Jugendzeiten: »Denn damals war alles besser, damals galten nur Leistung und Talent.« Der hier aufscheinende Mythos von der unvoreingenommenen Leistungsgesellschaft, die ausschließlich auf Fleiß und Talent achtet, war und ist freilich irreführend. Studien zeigen, dass weiße, männliche Professoren dazu tendieren, vor allem weiße, männliche Studenten zu fördern und sie in Führungspositionen zu befördern[11] – Leistung und Talent spielen da oft nur eine Nebenrolle. Laut Erhebungen der Organisation für wirtschaftliche Zusammenarbeit und Entwicklung (OECD) ist die (soziale) Herkunft von jungen Menschen in Deutschland von erheblicher Bedeutung für deren Bildungschancen.[12] In fast keinem anderen Industrieland der Welt ist der Zugang zur Bildung aufgrund von sozialen Umständen so beschränkt wie in Deutschland. Das bedeutet, dass die Kinder von Professoren hierzulande mehr oder weniger automatisch auch Akademiker werden, die Kinder von Reinigungskräften werden mit hoher Wahrscheinlichkeit später ihrerseits in einem vergleichbaren schlecht bezahlten Job arbeiten. Dazu kommt an der Universität die Tatsache, dass Nichtweiße[13] und Frauen[14] institutionell benachteiligt werden. Zum Beispiel bei der Berufung für Professuren – weil die Entscheidungsgremien an den Hochschulen fast nur aus weißen Männern bestehen. Und so sind weiterhin fast 80 Prozent der Professoren in Deutschland weiße Männer. Andere bekommen deutlich seltener die

Chance, ihr Wissen und ihre Perspektive auf wichtige Fragen des Zusammenlebens in den wissenschaftlichen Diskurs – und in die öffentliche Debatte – einzubringen.[15] Diese ganze Sache mit der neuen »Di-Ver-Si-Tät«, mit der langsamen Öffnung der Hochschule für Menschen wie mich machte Professor H. jedenfalls unverkennbar wütend.

In der siebten Sitzung der Vorlesung von Professor H. erschien eine Power-Point-Folie mit einer Tabelle an der Wand. In der oberen Zeile war »die Kriminalitätsrate und ihre Veränderung über die Zeit« eingetragen, in der Zeile darunter war die Statistik zur Einwanderung in die Bundesrepublik abgebildet. Es reihten sich Zahlen aneinander, die für mich wenig Sinn ergaben, die laut Interpretation von Professor H. aber Folgendes aussagten: »Die Kriminalitätsrate steigt, je mehr Einwanderung wir verzeichnen.« Wenn man näher auf diese Daten schaute, wurde allerdings klar, dass der Professor eine Monokausalität erkannte, wo gar keine war. Dennoch präsentierte er uns sein »Wissen« über die Einwanderer in Deutschland und deren angebliche kriminelle Energie mit einer beispiellosen Überzeugung und Souveränität so, als wäre es die absolute Wahrheit.

Ich saß in der Mitte des Vorlesungssaals und blickte nach links und rechts auf weiße Studierende. Sie schrieben fleißig mit – obwohl es ihnen der Professor aus didaktischen Gründen verboten hatte. Immerhin ein bisschen Revolte, tröstete ich mich selbst. Niemand im Saal zeigte auch nur einen Hauch Skepsis angesichts der Darlegungen von Professor H. Niemand intervenierte, niemand meldete Bedenken an und wies darauf hin, dass Statistiken wie diese durch Straftaten wie »illegale Grenzüberschreitungen« verfälscht würden, die nun einmal nur Migranten begehen können. Niemand erklärte, dass migrantische Bevölkerungsgruppen im Schnitt jünger sind und junge Menschen im Schnitt mehr Straftaten begehen.[16] Niemand fragte nach, ob Delikte wie Steuerhinterziehung in dieser Tabelle berücksichtigt wurden. Niemand analysierte, dass solche Statistiken oft von einer rassistischen Voreingenommenheit homogen zusammengesetzter Forschergruppen durchzogen sind. Als ich versuchte, eine Frage zu stellen, ignorierte mich Professor H. geflissentlich und ging einfach zum nächsten Thema über. Als einziger Student of Colour hatte ich keine Verbündeten im Saal. So ganz allein unter Weißen zu sein war wie in dieser Situation manchmal beklemmend. Ich kenne genügend junge Nichtweiße, die die damit verbundene Belastung nicht aushielten und ihr Studium abbrachen. Es mangelt dem ganzen System leider nach wie vor an Erfahrungen mit neuer Vielfalt in vormals rein weißen Sphären, aber auch der Austausch unter betroffenen Nichtweißen, die neu an die Hochschulen kommen, ist noch viel zu wenig organisiert. Zu viele kämpfen nur für sich allein.

Auch ich fand in diesen ersten Monaten meines Studiums niemanden, um über meine Erlebnisse und Beobachtungen zu sprechen. Zum Beispiel über die Kritzeleien in den Toilettenkabinen: »Araber = Hisbollah, wir bomben dich nieder!« oder »Weiße bleiben an der Macht!« oder »Türken gehören in die Dönerbude! Bewerbungen beim Imbiss am U-Bahnhof«. In Seminaren sprachen biodeutsche Kommilitonen zu mir in allzu vertrauten paternalistischen Tönen. Es war teilweise noch schlimmer als in jenem hessischen Dorf meiner Schwester, wo man mir die Konzepte von Fahrradwegen und Friedhöfen erklärt hatte. Während eines Seminars zur Entwicklungspolitik meinte ein Kommilitone zu mir, dass ich nicht wertfrei auf das Thema blicken könne: »Du kommst ja selbst aus der Dritten Welt.« In einem anderen Seminar saßen Michael, Christian und ihre Freunde von der Jungen Union und der Liberalen Hochschulgruppe, alles weiße Studierende, die wie Professor H. an die Leistungsgesellschaft glaubten, in der zweiten Reihe: ganz vorne, aber bitte mit Klapptisch. Eine Austauschstudentin aus China hielt ein Referat, und die weißen Studenten flüsterten sich währenddessen Chinesenwitze zu: »Oul Plesentation about the Intelnational Lelations and Films …« In diesem Moment dachte ich mir nur: Da sitzt er, der weiße, männliche Nachwuchs Deutschlands, und macht sich lustig über das Englisch einer Chinesin – und das mit einem schlecht imitierten, japanischen Akzent. Diese weißen Männer, das war das eigentlich Tragische an der ganzen Sache, werden mit hoher Wahrscheinlichkeit in absehbarer Zeit »unter sich« in der Politik, in der Wirtschaft, in der Wissenschaft und in den Medien Entscheidungen treffen, die uns alle angehen.

8 WENN ZWEI SICH STREITEN, FREUT SICH DER WEISSE

Ich bin vor kurzem an die Sonnenallee gezogen. Im Berliner Volksmund heißt dieser Ort in Neukölln »Araberstraße«. Die Supermärkte tragen hier Namen wie »Baraka« (was so viel wie »Segenskraft« bedeutet), »Azzam« (eine bekannte, palästinensische Familie) oder »al-Madina« (das arabische Wort für Stadt und gleichzeitig der Name eines der heiligsten Orte der Muslime unweit von Mekka). Hier entlang schieben sich jeden Tag Tausende Menschen vom Hermannplatz stadtauswärts, um arabische Bücher zu kaufen, bunte Kopftücher anzuprobieren oder beim folkloristisch mit Fes-Hut und in einem Männergewand verkleideten Kaffee-Sommelier einen Mokka mit Zimt zu trinken.

Direkt neben meinem Haus liegt eine Schischa-Bar. Als ich mich dort von den Strapazen meines Umzugs erholen wollte, setzte ich mich auf einen Plastikstuhl auf dem Bürgersteig neben zwei Syrer, die ungefähr in meinem Alter waren. Sie lebten offensichtlich noch nicht lange in Berlin und sprachen über die Langeweile im Flüchtlingsheim, die ellenlangen Wartezeiten in den Berliner Ämtern und die Bedeutung dieser Straße für sie. »Hier ist ein bisschen Heimat«, sagte einer von ihnen.

Plötzlich blieb eine ältere Frau vor uns stehen. Man konnte sehen, dass sie unter ihrem schwarzen Gewand ein buntes Regenbogenkleid trug. An ihrer Hand baumelten goldene Plastikarmreife. Unter dem locker gebundenen Kopftuch lugten ihre rotgefärbten Haare hervor. Vollkommen zusammenhanglos murmelte sie arabische Wörter vor sich hin: »Allah, Salam, Bismillah, Salam!«

Seit einigen Wochen schon saßen in der Sonnenallee an Bushaltestellen und vor Cafés als Syrerinnen verkleidete Roma-Frauen aus Südosteuropa. Sie fielen mir sofort auf, weil sie etwas zu forsch um Essbares oder Kleingeld bettelten. Die Frau vor der Schischa-Bar wollte sich anscheinend ein wenig die Beine vertreten und hielt uns nun ihren leeren Pappbecher aus der Billigbäckerei vor unsere Nasen.

»Zuerst nehmen uns die Zigeuner die Asylplätze weg, und jetzt betteln sie bei uns. Sollen wir denen auch noch etwas von den 150 Euro Taschengeld, die wir vom Sozialamt bekommen, abgeben?«, reagierte der eine Syrer abfällig auf Arabisch. Sein Kumpel blieb still und schaute etwas verdutzt auf die Bettlerin. Sie verstand sowieso nicht, was sie da hörte, und wich keinen Zentimeter. »Das ist traurig, dass die hier betteln muss«, meinte auf einmal der bisher schweigsame Syrer. Er kramte in seiner Hosentasche und warf eine 50-Cent-Münze in den Pappbecher. »Schukran«, sagte die Frau und zog zufrieden weiter. Die beiden Geflüchteten redeten anschließend darüber, dass die Marginalisierten dieser Welt lieber zusammenhalten sollten. »Niemand interessiert sich für das Schicksal einzelner Hilfsbedürftiger. Als wir in Not waren, haben sich nur wenige Menschen für uns interessiert«, sagte der eine Syrer. Der andere nickte nur und stimmte dann die *Internationale* an. Ich musste unwillkürlich schmunzeln.

Normalerweise lässt die Solidarität zwischen den diversen Minderheiten in Deutschland und Europa viel zu wünschen übrig. Ich zähle nicht mehr die Konversationen, in denen in Deutschland lebende Araber abfällig über »die anderen Ausländer« herziehen. Wenn es um Roma geht, kennt diese Verachtung manchmal keine Grenzen. Roma werden dann von Arabern als »Schmarotzer« oder »faule Säcke« bezeichnet. Andersherum ist es allerdings auch nicht besser. So haben im September 2016 einige Roma-Verbände aus Osteuropa sogar eine »Internationale Vereinigung gegen Flüchtlinge aus dem Nahen Osten« gegründet.[1] Die Roma-Vertreter, unter anderem aus Ungarn, Rumänien und der Ukraine, äußerten die Sorge, dass ihre Töchter und Frauen nun nicht mehr in Sicherheit seien, weil so viele Araber in Europa herummigrieren würden. In einer Pressemitteilung erklärte der Vorsitzende der neuen Roma-Vereinigung, dass ihnen die Geflüchteten die Arbeitsplätze wegnehmen würden. Damit übernahm er eins zu eins die Argumentation vieler osteuropäischer Regierungen. Das entbehrt insofern nicht einer gewissen Ironie, als die meisten Roma in Europa sowieso keinen Job bekommen, auf dem Arbeits- und Bildungsmarkt diskriminiert werden und laut Meinung einer Mehrheit der weißen Europäer »zu Hause« bleiben sollen[2] – allein wegen ihrer Herkunft.

Die Andersmachung, die Weiße gegenüber Minderheiten ausüben, führt zu Auseinandersetzungen zwischen den Diskriminierten. Egal ob Türken gegen Araber, Araber gegen Roma, Roma gegen Geflüchtete oder ehemalige Geflüchtete gegen Neuankömmlinge (zurück-)hetzen, am Ende verstärkt der Wettbewerb um die Anerkennung der Mehrheit nur das rassistische Grundrauschen, das Minderheiten sowieso durch ihr Leben und ihren Alltag begleitet. Dieses Phänomen fängt bei Individuen oft mit Tokenismus an, es entwickelt sich aber in einigen Fällen zu großen Konflikten zwischen einzelnen Gruppen. Aus dem Hass auf sich selbst und die eigene Minderheit kann schnell auch Hass auf »die Anderen« werden, mit dem man sich an die Mehrheitsgesellschaft anbiedert. Wenn sich aber große Teile von zwei diskriminierten Gruppen untereinander bekriegen, endet das für beide Seiten in der Regel mit einer Niederlage, denn letztlich verstärkt dieser spezielle Konkurrenzkampf zwischen Minderheiten nur die sowieso schon herrschenden rassistischen Strukturen. Man könnte auch salopp sagen: Wenn zwei Nichtweiße sich streiten, freut sich der Weiße. Den meisten »normalen« Menschen, also den weißen, heterosexuellen, in »intakten« Familien lebenden, einer Vollzeitbeschäftigung nachgehenden, mit der richtigen Staatsbürgerschaft gesegneten Bürgern bleiben derlei Streitigkeiten an »den Peripherien der Gesellschaft« verborgen – obwohl das Verhalten dieser vermeintlich normalen Mehrheit, ihr Anpassungsdruck und die Tatsache, dass sie »die Anderen« erst anders machen, überhaupt die Grundlage für solche Konflikte bilden.

Nach der Kölner Silvesternacht wurden Türken bzw. türkischstämmige Deutsche nach ihrer Meinung gefragt – mit der Erwartung, dass sie sich distanzieren. Einige von ihnen wohnten am Kottbusser Tor (oder kurz Kotti) in Berlin-Kreuzberg und beschwerten sich über nordafrikanische Banden, die dort Drogen verkaufen und Straftaten begehen würden. Einige Türken gaben sich große Mühe, ihre Angst und Kritik differenziert zu formulieren und nicht zu verallgemeinern, andere sprangen auf den Zug der Andersmachung auf und dürften damit sogar die Erwartungen der weißen Fragesteller übertroffen haben. »Die Nordafrikaner sind doch alle kriminell«, sagte mir ein Mann damals. Ich wollte bloß ein Getränk in einem Geschäft am Kotti kaufen, als der Mann, offenbar ebenfalls ein Kunde, zu reden begann. »Alle Flüchtlinge sollte man ausweisen! Sofort!«, forderte er. Der türkische Ladenbesitzer schwieg, während der Mann noch hinzufügte, dass die Türken die besseren, weil die »deutscheren« Ausländer seien. Was immer das auch bedeuten mag, dachte ich mir und verließ den Laden.

Weil »die Antänzer vom Kotti«, die ihre Opfer zunächst mit Tricks ablenkten und dann beklauten, nach der Aufregung über Köln plötzlich deutschlandweit Schlagzeilen produzierten – und das, obwohl am Kotti schon seit langem Leute angetanzt wurden –, drängelten sich auf einmal Dutzende Reporter an der Kreuzung mitten in Kreuzberg (mehr als eine Verkehrsinsel ist das Kottbusser Tor nämlich nicht). In fast allen Berichten kamen besorgte türkische Bürger vor, die keine Flüchtlinge in ihrer Umgebung haben wollten. In einer Reportage hieß es sogar: »Nun sei es noch schlimmer [am Kottbusser Tor] geworden, berichten Anwohner und Gewerbetreibende, Deutsche und Türken.«[3] Vielleicht hoffte jener Kunde aus dem Spätkauf genau auf diese Art von »Aufstieg«: neben den echten Biodeutschen aufgezählt zu werden. Die vielen Interviews und Reportagen über Türken, die sich pauschal gegen Flüchtlinge stellten, landeten auch auf rechten Blogs[4], die darin einen Beweis für den Untergang des Abendlands sahen. Das Motto lautete dabei: Wenn es schon die Türken sagen ...

Eine kurdischstämmige Freundin von mir, die seit Jahren am Kotti wohnt, erklärte mir, dass es »die weißen Türken« seien, die liebend gerne mit den Reportern sprächen. Mit »weiße Türken« meinte sie nationalistische und patriotische Türken, die normalerweise im alten Konflikt gegen Kurden ihren Rassismus kundtaten und nun die Flüchtlinge als Feind identifizierten. Diese Einstellung bei einigen türkischen Berlinern war für mich nicht neu. Wenige Monate zuvor hatten Flüchtlinge auf dem Oranienplatz, lediglich ein paar Gehminuten vom Kotti entfernt, für ihre Rechte demonstriert. Ich war damals täglich als Reporter zum Protestcamp gegangen und war dort häufig auf türkischstämmige Anwohner getroffen, die sich über die schlimmen hygienischen Verhältnisse neben den Dixi-Klos und den Zelten ärgerten, die aber auch klar formulierten, was sie von den neuen Einwanderern allgemein hielten. »Abschieben oder Gefängnis! Alle!«, sagte mir ein Türke. Er würde NPD wählen, wenn er wählen dürfte. Dann schimpfte er auf Türkisch weiter, und ich war in diesem Augenblick froh, nicht zu verstehen, was er da von sich gab.

Es ist schon erstaunlich, welche Energie einige Minderheiten auf die Andersmachung anderer Minderheiten verwenden. Ein anderes anschauliches Beispiel ist der Streit Homosexuelle gegen Muslime. Ich habe einen nichtweißen, schwulen Freund, der sich oft bei mir ausweint. Nennen wir ihn Amir. Er möchte anonym bleiben und nicht geoutet werden. Er hat gute Gründe dafür. Neulich beschloss Amir, mit seinem Kummer zu einer Schwulenberatung zu gehen. »Du musst deiner Familie sagen, dass du Männer liebst! Du hast eine Verantwortung gegenüber unserer schwulen Community und unseren westlichen Werten«, lautete der Rat des Mitarbeiters. Amir, der dort nach Unterstützung und Orientierung in seinem Leben als junger schwuler Mann gesucht hatte, meinte hinterher enttäuscht zu mir: »Der Weiße erteilte mir einen Coming-out-Befehl.« Der biodeutsche Sozialarbeiter habe ihm außerdem einen Vortrag über »Integrationsprobleme, arabische Rückständigkeit und den homophoben Islam« gehalten. In der Schwulenberatung sah man in Amir in erster Linie einen Moslem, der sich gegen den Islam und gegen seine eigene Identität stellen müsse, um überhaupt zur schwulen Community gehören zu können.

Thomas, ein anderer schwuler Freund von mir, ist Sohn einer Familie aus der Mitte der biodeutschen Gesellschaft. Thomas ist nicht sein wahrer Name, denn auch er ist nicht vor seiner Verwandtschaft geoutet. Er hat gute Gründe dafür. Auch Thomas suchte in der besagten Beratungsstelle nach Unterstützung. Im Unterschied zu Amir bekam er allerdings nicht den Rat, nun doch bitte mit seiner Sexualität in die Offensive zu gehen oder sich von seinem Glauben zu distanzieren. Die Beratungsstelle denkt also ganz offensichtlich in Schubladen: Thomas ist weiß – er weiß, was er tut. Amir ist nichtweiß – er weiß nicht, was er tut. Deswegen bekommt Amir einen Coming-out-Befehl, Thomas aber nicht. Der Biodeutsche wird innerhalb der weißen Homosexuellen-Community umstandslos als Mitglied akzeptiert, Amir hingegen muss sich erst mal anpassen, sich beweisen und den Anweisungen folgen, um dazuzugehören.

Kein Mensch lässt sich auf ein einziges Merkmal reduzieren: Wir sind nicht nur Männer, Frauen oder Transsexuelle, wir sind auch arm oder reich oder etwas dazwischen, wir leben mit oder ohne Behinderung, wir lieben hetero- oder homosexuell – wir haben weiße oder nichtweiße Haut. Amir vereint diverse Merkmale in sich: Er ist männlich, schwul, nichtweiß, Uniabsolvent, körperlich fit, finanziell abgesichert und so weiter. Dennoch wird er in der schwulen Community fast ausschließlich als Moslem wahrgenommen. Im Klartext: Er wird auf ein Merkmal reduziert und somit »anders« gemacht. Thomas dagegen fällt als Weißer nicht negativ auf. Die vielfältigen Merkmale, die er aufweist, kommen so mehr zur Geltung. Er muss sich nicht wie Amir beweisen oder Loyalität zeigen, um in der Community als Individuum gesehen und akzeptiert zu werden. Beim Kampf für die Gleichberechtigung von Schwulen und Lesben in Deutschland muss also im Sinne der Homosexuellen of Colour eine neue Hürde genommen werden, die in der Community wegen des eigenen Kampfes um Anerkennung und Respekt vorher vielleicht nicht so sichtbar war: Rassismus.

Ende 2015 fragte mich eine Redakteurin beim *Queerspiegel*, dem journalistischen Angebot für Lesben, Schwule, Bi-, Transsexuelle und Queers (LGBTQ) im Berliner *Tagesspiegel*, ob ich einen Bericht über eine Podiumsdiskussion schreiben möchte. Die Veranstaltung in Berlin trug den Titel »Schatten des Regenbogens« und wollte über Rassismus in der queeren Szene aufklären. Einige Kommentare auf der Veranstaltungsseite auf Facebook ließen schon im Vorfeld erahnen, dass es ein langer Abend zu werden versprach. Eine biodeutsche Userin, die sich selbst als transsexuell positionierte, schrieb etwa: »Wer schon einmal im Bus oder in der U-Bahn von Migranten aufgrund seiner oder ihrer Transidentität fast gelyncht wurde, täglich bespuckt und angepöbelt wird, dem kann man eine gewisse Abneigung gegen diese Klientel nicht verdenken.« Ein anderer User antwortete, dass Rassismus doch wohl keine gute Antwort auf die an sich absurde Angst vor Transsexuellen sein könne, woraufhin die erste Kommentatorin nachlegte und darauf bestand, dass *alle* Migranten, besonders die Muslime, ausgewiesen werden sollten.

Tatsächlich stellte sich bei der Veranstaltung heraus, dass viele weiße Zuhörer der Einladung gefolgt waren, um über »Homophobie unter Muslimen« zu sprechen. Zweifellos ebenfalls ein wichtiges Thema, das aber nun mal nicht auf der Tagesordnung stand. Einige homosexuelle Biodeutsche im Publikum versuchten dennoch hartnäckig, ihre eigene politische Agenda durchzudrücken. »Der Islam ist das wahre

Problem«, lautete ein Zwischenruf. Wütende nichtweiße, queere AktivistInnen protestierten lautstark gegen die »Okkupation ihrer eigenen Veranstaltung« und verlangten schließlich sogar, dass alle Weißen von der Diskussion ausgeschlossen würden. Eine Podiumsdiskussion über Rassismus ohne die Teilnahme von Weißen? Dieser Schlagabtausch zeigt, welche Gräben innerhalb der LGBTQ-Community in Berlin existieren. Sie verlaufen bei Schwulen und Lesben entlang einer Konfliktlinie: weiße Homosexuelle gegen nichtweiße Homosexuelle.

Ich gab mir bei meinem Bericht für den *Queerspiegel* große Mühe, mich auf das eigentliche Thema des Abends zu konzentrieren, und schrieb die Diskriminierungserfahrungen auf, die Nichtweiße innerhalb der LGBTQ-Community erfahren und mit dem Publikum und mit mir geteilt hatten.[5] Ich versuchte das Ergebnis der kontroversen Diskussion an diesem Abend wie folgt zusammenzufassen: »Wenn zwei Minderheiten um Anerkennung konkurrieren, kann es also passieren, dass sich eine Minderheit auf Kosten der anderen positioniert. Und plötzlich instrumentalisieren rechte Parteien in Europa die Regenbogenbewegung für ihre rassistischen Parolen.«[6]

Der Lesben- und Schwulenverband in Deutschland (LSVD) meldete sich danach mehrfach schriftlich bei meiner Redaktion und beschwerte sich über »eine Berichterstattung, wie sie eigentlich in die *Junge Welt* oder *Junge Freiheit*«, also entweder ins ehemalige SED-Blatt oder in die rechtsradikale Zeitung mit AfD- und NPD-Leserschaft, gehöre. Spätestens nachdem ich etliche offen rassistische Zuschriften von bekennenden homosexuellen LeserInnen erhalten hatte, wurde mir klar, dass ich mit meinem Bericht einen Nerv in der Community getroffen hatte. Ich ging der Sache also weiter nach.

So stieß ich schnell auf das Engagement von Schwulen und Lesben innerhalb der – nicht mehr so – Neuen Rechten. Obwohl zum Beispiel die »Alternative für Deutschland« eine eindeutig homophobe Politik propagiert, sind erstaunlich viele Homosexuelle in der rechtspopulistischen Partei aktiv.[7] Es hat mitunter sogar den Anschein, als wollten sie ihre nichthomosexuellen Parteifreunde in Sachen Rassismus und pauschaler Islamfeindlichkeit noch übertreffen.[8] So stellt die »Bundesinteressengemeinschaft Homosexuelle in der AfD« bei allen Muslimen eine Neigung zum Extremismus fest und sieht in der Migration als solche eine Gefahr für das Abendland.[9]

Eine Umfrage im Vorfeld der Berliner Abgeordnetenhauswahl im September 2016 ergab, dass eine Mehrheit der wahlberechtigten Homosexuellen in Berlin zwar linke Parteien wählt, mehr als sieben Prozent gaben aber an, ihr Kreuz bei der AfD zu machen.[10] Sieben Prozent, das klingt zunächst nach nicht viel. Allerdings ist es bemerkenswert, dass diese homosexuellen AfD-Wähler in der Umfrage explizit erklärten, sie würden die AfD aufgrund ihrer Asylpolitik und ihres Leitbilds der reinen »deutschen Familie« wählen – obwohl sie damit, das sei hier noch einmal betont, gleichzeitig eine homophobe, gegen sie selbst gerichtete Politik unterstützen. Wenn man in andere europäische Länder blickt, steht zu befürchten, dass es vielleicht nicht bei sieben Prozent bleiben wird: In Frankreich etwa, wo rechtspopulistische Parteien längst einen Normalisierungsprozess durchlaufen haben, wählen laut einer Umfrage rund 26 Prozent der Schwulen und Lesben in Paris den rechtsextremen Front National.[11] Wie kann das sein? Wie lässt sich ein solch beinahe schizophrenes Verhalten erklären?

Der Rassismus in der LGBTQ-Community ist zunächst nicht schlimmer als anderswo. Er ist wie sonst schrecklich, verletzend und manchmal einfach dumm. Was allerdings auffällt, ist, wie oft und wie intensiv innerhalb dieser Minderheit eine andere Minderheit diskriminiert und als anders markiert wird. Manchmal scheint die Anbiederung an die Rechten existenzielle Gründe zu haben. Sicher ist sicher, denken sich vielleicht einige Homosexuelle, falls morgen doch eine andere Ordnung herrscht. Und plötzlich verteidigen die Verteidiger des Abendlandes tatsächlich die sexuelle Vielfalt – als kleineres Übel. Ein Pegida-Demonstrant sagte einmal in eine Kamera: »Der radikale Islamist ist hundertmal schlimmer als ein ganzes Stadion voller Homosexueller.«[12]

Die Geschichte eines der ersten bekennenden schwulen Rassisten Europas könnte auch Aufschluss über Rassismus unter Homosexuellen geben.[13] Pim Fortuyn war in den 1990er Jahren und Anfang des neuen Jahrtausends das Gesicht der niederländischen und europäischen Rechten. Er schrieb Pamphlete »Gegen die Islamisierung unserer Kultur« und sah in der Einwanderung an sich eine existenzielle Gefahr für die weiße Rasse. Ein islamistischer Hassprediger, der in Rotterdam auch gegen Homosexuelle wetterte, soll Fortuyns politischer Motivation den endgültigen Schub gegeben haben. Im Jahr 2002 gründete der Rechtspopulist eine eigene Partei mit dem Namen »Liste Pim Fortuyn«. Die Partei hatte nur ein Thema: die Niederlande wieder zu einem Staat ausschließlich für Weiße zu machen. Fortuyn wollte mit seiner Splitterpartei der Stachel im politischen System seines Landes sein. Umfragen sahen die »Liste Pim Fortuyn« aber plötzlich als stärkste Kraft im niederländischen Parlament und ihren Gründer als den designierten Ministerpräsidenten.

Wie hatte er das geschafft? Fortuyn war kein Durchschnittsrassist. Er prahlte zum Beispiel damit, dass er regelmäßig mit Arabern »verkehre«. Es war kompliziert, ihn zu verstehen und einzuordnen. Er spielte mit der Verwirrung, die er selbst über seine sexuellen Vorlieben in Bezug auf Araber verbreitete. Fortuyn verkaufte sich dabei als Personifizierung der niederländischen Toleranzkultur – die in Gefahr sei, falls sie nun auch die Einwanderung toleriere. Diese Mischung aus Koketterie, Patriotismus und Rassismus sprach eine Mehrheit der autochthonen Niederländer an.

Beobachter der niederländischen Politik beschrieben Fortuyns politisches Wirken als Rebellion gegen das Establishment, gegen die Liberalen im Land, die sich aus seiner Sicht nicht genug um die Rechte Homosexueller und dafür mehr um die vermeintliche Bevorzugung von Einwanderern kümmerten. Fortuyn entschied sich, den Islam als Staatsfeind Nummer eins auszurufen, um damit einer größtmöglichen Gruppe in der Gesamtgesellschaft Schaden zuzufügen. Denn die Niederlande galten damals als das Musterland für Multikulti. Die »Liste Pim Fortuyn« wollte in dieser Hinsicht einen Systemwechsel.

Neun Tage vor den Parlamentswahlen im Mai 2002 wurde Fortuyn ermordet – allerdings nicht von einem Islamisten, wie er immer prophezeit hatte, sondern von einem militanten, bioniederländischen Tierschützer. Fortuyn hatte damals einen Wahlslogan berühmt gemacht: »Stimmt für mich, dann könnt ihr alle Pelzmäntel tragen.« Er wollte um jeden Preis anecken und provozieren. Als queerer Rassist gelang ihm das mit Leichtigkeit.

Manche Schwule und Lesben sind freilich auch einfach ganz »normale« RassistInnen – ohne schillernd und verrückt zu sein, wie ihnen häufig als homophobes Stereotyp nachgesagt wird. Ich habe darüber einmal ausführlich mit meinem schwulen Kumpel Amir gesprochen. Als er mir von seinen Alltagserfahrungen erzählte, wusste ich nicht recht, ob ich lachen oder weinen sollte.

Amir bekam beispielsweise vor einigen Monaten über eine Dating-App eine Flirt-Nachricht zugeschickt. Als er den Anhang öffnete, traute er zunächst seinen Augen nicht. Auf dem gemalten Bild, das ihm ein biodeutscher Schwuler als Anmache schickte, waren zwei muskelbepackte Männer zu sehen. Einer von ihnen war weiß und blauäugig. Er trug, wie einst zu Kolonialzeiten, einen feinen, blonden Schnurrbart. Der zweite Mann hatte einen Turban auf dem Kopf und trug einen schwarzen Vollbart, seine Haut war dunkelbraun. Die beiden Männer hatten Sex auf einem Kamel. Der weiße Mann saß vorne und hielt die Zügel fest. »Möchtest du das mit mir auch machen? Auf deinem Kamel?«, lautete die Flirt-Botschaft unter dem Bild.

Amir erklärte mir daraufhin, dass drei von vier weißen schwulen Männern in ihm auf Anhieb den Obermacho ihrer sexuellen Phantasie zu erkennen meinen, oder zumindest lesen sie das aus seinem Profil auf der Dating-Plattform heraus. Ich bat Amir also, mir die Daten zu zeigen, wie sie die anderen User auf seinem persönlichen Profil sehen. Er hat ein harmloses Porträtbild hochgeladen, auf dem er am Meer sitzt und lächelt. In der Kategorie Herkunft hat er die Option Araber angeklickt. Darüber hinaus hat er Informationen zu seinen Sprachkenntnissen, seinem Körperbau und seinen Hobbys eingetragen und geschrieben, dass er die vegetarische, italienische und orientalische Küche bevorzugt. Ich bin etwas befangen, weil ich Amir kenne, aber ich könnte schwören, dass er kein Kamel besitzt, und wüsste auch nicht, wie man über sein Profil auf die Idee kommt, er besäße eines. Dennoch lesen offenbar viele weiße Schwule nur eine Kausalität heraus:

Moslem / Araber → dominant / gewalttätig / übermännlich

Ein anderer weißer schwuler Mann schrieb Amir einmal: »Araber können doch gut vergewaltigen!« Er forderte Amir auf, mit ihm ein Rollenspiel durchzuführen: »Ich bin dein weißes Opfer und du bist mein Macho-Vergewaltiger.« Das ist kein Einzelfall. Ich habe mir nämlich Amirs Posteingang angeschaut: Er ist voll mit Zuschriften, die ihn als Macho und Gewalttäter bezeichnen. Der nette Amir wird also über ihm zugeschriebene Charakterzüge aufgrund seiner Herkunft auf üble Weise diskriminiert.

In den letzten Jahren hat sich der Rassismus innerhalb der Community weiterentwickelt, vom verletzenden Alltagsrassismus zur gefährlichen politischen Agenda – und das nicht nur in der AfD. Der CDU-Politiker Jens Spahn fischt beispielsweise als bekennender Homosexueller mit islamfeindlichen Parolen regelmäßig und offen am rechten Rand der Gesellschaft. Othering scheint dabei das Instrument seiner Wahl zu sein. In einem Interview vom Juli 2016 beschwerte sich Spahn beispielsweise über »Machoaraber«, die in seinem Fitnessstudio mit Unterhose duschen würden.[14] »Das ist eine gesellschaftliche Veränderung, die ich nicht will«, kommentierte er die Angewohnheit einiger Menschen, sich im öffentlichen Raum zu bedecken. Spahn findet Duschen mit Badehose »verklemmt« und möchte am liebsten einen Nacktheitszwang explizit für Nichtweiße einführen. Dass ein solcher Zwang genauso problematisch wäre wie ein Verbot der auch von Spahn viel kritisierten Burka bei einer verschwindend geringen Anzahl von muslimischen Frauen in Deutschland, liegt auf der Hand: Niemand darf Zwang über die Körper anderer Menschen ausüben. Spahns Forderungen an »die Muslime« stoßen aber offenbar bei vielen »normalen Biodeutschen« auf große Zustimmung. Für ihn ist Politik auf Kosten der Anderen schlicht ein gutes Mittel, um Anerkennung zu bekommen – obwohl bzw. gerade weil er selbst nicht »der Norm« entspricht.

Dabei müssten doch eigentlich alle Menschen, die von Diskriminierung welcher Art auch immer betroffen sind, ein ureigenes Interesse daran haben, zusammenzuhalten. Und es gibt ja durchaus Beispiele, wo sich solche Allianzen zwischen Minderheiten bewähren – sogar in äußerst schweren Zeiten. Nach dem Terroranschlag von Orlando im Juni 2016, bei dem der psychisch gestörte und radikalisierte US-Amerikaner Omar Mateen 49 unschuldige Besucher des queeren Klubs »Pulse« erschossen hatte, versammelten sich vor dem Brandenburger Tor rund 5000 Menschen zu einer Mahnwache. Nachdem von vielen Kommentatoren, auch innerhalb der LGBTQ-Community, versucht worden war, das menschenverachtende Attentat als Legitimation für ihren antimuslimischen Rassismus zu missbrauchen, zeigten viele Menschen sowohl in den USA als auch vor dem Brandenburger Tor sehr deutlich, dass sie es ablehnten, zwei Minderheiten gegeneinander auszuspielen.

Bei der Mahnwache auf dem Pariser Platz erklärte ein junger Schwuler aus Orlando auf der Bühne, dass der Pulse-Klub als sicherer Ort für Schwule und Lesben mit Wurzeln in Lateinamerika galt. Denn in den anderen Klubs von Orlando fühlten sich die homo-, bi- und transsexuellen Latinos und

Latinas von Weißen diskriminiert, fetischisiert und anders gemacht.[15] Auch Omar Mateen verkehrte im Pulse-Klub, bevor er sich entschied, dort Amok zu laufen. Ich dachte gerade darüber nach, wie ein Angehöriger der einen Minderheit einen dermaßen großen Hass gegen eine andere Minderheit verspüren kann, als mich plötzlich jemand in der Menge vor dem Brandenburger Tor anrempelte. Ich drehte mich um und erblickte eine größere Gestalt neben mir. »Ich lasse mich nicht für euren Hass benutzen«, stand auf einem Schild, das der groß gewachsene und prächtig gekleidete Transvestit um den Hals trug. Während das Brandenburger Tor hinter uns in den Regenbogenfarben erstrahlte und die Menschen innehielten, kullerten Tränen über sein Gesicht. Als ich dem mich um zwei Köpfe überragenden und doch so grazilen Mann ein Taschentuch anbot, versprachen wir uns, aufeinander aufzupassen. Wir waren in diesem Moment der Trauer fest davon überzeugt, dass die Marginalisierten dieser Welt unbedingt zusammenhalten müssen.

9 WELCHES IST DAS WEISSESTE LAND EUROPAS?

Es gibt Biodeutsche, die sich organisieren, um »Multikulti« endlich ein Ende zu setzen, um das Abendland zu retten oder dafür zu sorgen, dass sich »die Anderen« endlich integrieren oder, besser gesagt, assimilieren. Doch wohin führt uns eigentlich diese sogenannte Alternative für Deutschland? Wie mag wohl der Pegida-Rassismus in Sachsen und in anderen Bundesländern in zehn Jahren aussehen? Und wie wird sich dementsprechend das Zusammenleben zwischen alteingesessenen Biodeutschen und alten und neuen Einwanderern weiterentwickeln?

Ich bin kein Hellseher, aber ein Blick auf einige unserer europäischen Nachbarn im Osten und im Westen mag Hinweise darauf geben, wie es auch hier bei uns in wenigen Jahren aussehen könnte, sofern wir nicht den sich unübersehbar verstärkenden rassistischen Tendenzen entschieden entgegenwirken, wie sie anderswo bereits fatale Folgen zeitigen.

Erste Erfahrungen mit dem speziellen ungarischen Rassismus konnte ich im Jahr 2014 sammeln. Ich wollte ein Porträt von Lorántné Hegedűs schreiben, einer Politikerin der rechtsextremen Jobbik-Partei und Ehefrau eines kalvinistischen Hasspredigers. Was ich über die Familie Hegedűs gehört und gelesen hatte, hatte gelinde gesagt meine journalistische Neugier geweckt: Demnach steht sie für ausgeprägte Europafeindlichkeit, rohen Rassismus, aggressiven Antisemitismus, überzeugten Nationalismus, religiösen Fanatismus sowie einen Hang zur Gewaltanwendung und rechter Rhetorik, die Wörter wie »Lebensraum«[1] selbstverständlich beinhaltet. Die 44-jährige Lorántné Hegedűs schien mir die perfekte Protagonistin für eine Reportage über die damals anstehenden Parlamentswahlen in Ungarn und den drohenden Rechtsruck im Land zu sein. Obwohl es mich erstaunt, wie manche Länder immer noch weiter nach rechts driften können.

Als sich die stets in Business-Anzug auftretende Berufsnationalistin hartnäckig zierte, mit mir zu sprechen, folgte ich ihr kurzerhand in das südungarische Tompa an der serbischen Grenze. Hegedűs hatte dort zu einer Bürgersprechstunde eingeladen. Sie schaute mich überrascht an, als sie mich in der dritten Sitzreihe entdeckte – ihr war sofort klar, dass ich mit meinem Aussehen nicht in diese Veranstaltung passte.

Die Bauern und Dorfbewohner auf den restlichen Stühlen dachten vermutlich, ich stammte aus der Volksgruppe der Roma. Sie warfen mir missbilligende Blicke zu und schnauften hörbar. Erst fünf Jahre zuvor hatte ein ungarisches Pendant zum »Nationalsozialistischen Untergrund« sechs unschuldige Menschen ermordet – weil sie Roma waren. »Was willst du, Zigeuner!?«, sprechen sie hier oft Roma an. Später wird mir eine Lehrerin aus Tompa erzählen, dass Roma »wegen ihrer Kultur faule Menschen« seien und dass man sie »zur Arbeit zwingen« solle.

Lorántné Hegedűs erzählte dem Publikum das Märchen vom Weltkapital, das angeblich die Juden lenkten, um den armen südungarischen Bauern ihr fruchtbares Land zu rauben. Weil mein Budget für die Recherche begrenzt war, hatte ich eine Freundin engagiert, die mich für wenig Geld als Übersetzerin unterstützte. Als die gute Dóra sich in dem Moment zu mir beugte, um mir die rechtsextremen Parolen auf Englisch ins Ohr zu flüstern, fiel mir auf, dass an ihrer dünnen Halskette eine hebräische Inschrift baumelte. »Versteck sofort dein Judentum«, flüsterte ich zurück. Sie sah mich erst verdutzt und dann geschockt an, nickte und schob ihre Halskette unter ihren Pullover.

Als ich Tompa wieder verließ – natürlich war es auch dort zu keinem Interview mit Lorántné Hegedűs gekommen –, hatte ich nur einen Gedanken: Hoffentlich strandet hier nie ein nichtweißer Mensch.

Etwas mehr als ein Jahr später stand ich wieder an der ungarisch-serbischen Grenze, ein paar Kilometer weiter östlich, im Ort Mórahalom. Diesmal konnte ich mir als Übersetzer Tibor leisten, einen Journalisten und Freundesfreund. Er ist ein Rom aus Budapest und erzählte mir unterwegs in seinem Auto, wie seine Eltern vom Staat zur Zwangsarbeit in städtischen Gärten gezwungen würden – in erster Linie, weil sie Roma seien und keine Chance hätten, auf dem regulären Arbeitsmarkt in eine Beschäftigung zu kommen.[2]

Der Anlass meiner neuerlichen Reise in das ungarische Nirgendwo war, dass die Regierung in Budapest einen Grenzzaun errichtete, um syrische Kriegsflüchtlinge an der Einreise zu hindern. Die Anhänger und Wähler von Jobbik und der rechten Fidesz-Partei von Ministerpräsident Viktor Orbán hatten sich mit Tausenden von nichtweißen, erschöpften, verzweifelten Menschen in ihren Dörfern konfrontiert gesehen. Und wie reagierte die Mehrheit der Bevölkerung? Mit einer Bürgerwehr. Sie stellten im Wald Schilder auf. »Tűnjetek el Magyarországról!« oder »Nem akarunk titeket itt látni!«, stand dort in »der Sprache der Übermenschen«, wie es Lorántné Hegedűs bei ihrer Bürgersprechstunde im Jahr zuvor allen Ernstes formuliert hatte. Blöd nur, dass die Flüchtlinge kein Ungarisch lesen konnten und deshalb die Botschaften, sie sollten schnellstmöglich wieder abhauen, nicht verstanden.

In der südungarischen Provinzhauptstadt Szeged, in der ich in einer kleinen Ferienwohnung mein journalistisches Hauptlager einrichtete, ging ich nach einem langen Recherchetag ein Eis essen. Tibor, mein Übersetzer, musste wegen eines Notfalls in seiner Redaktion zurück nach Budapest fahren und sagte mir vor seiner Abreise, ich solle auf mich aufpassen. »Vielleicht ist es besser, im Haus zu bleiben.« Ich hörte nicht auf ihn und bestellte mit meinem begrenzten ungarischen Vokabular, das exakt 15 Wörter umfasste, in einer Eisdiele die kühle Belohnung. Nebenan beobachtete ich, wie zwei ältere Frauen in Deckung gingen. Die eine trug eine Hochsteckfrisur, die andere tippte hektisch auf einem alten Handy herum. Keine Minute später hielten mich vor der Eisdiele zwei Polizisten an.

»Útlevél«, rief mir einer der Gesetzeshüter zu. Das Wort befand sich zufällig in meinem ungarischen Wortschatz, und so wusste ich, dass der Beamte mit dem dicken Bauch, der mit seiner linken Hand den Schlagstock an seinem Gürtel streichelte, meinen Pass sehen wollte. Sein Kollege versuchte währenddessen den beiden aufgeregten Seniorinnen zu erklären, dass die Polizei nun alles im Griff habe. Die Eisdielenbesitzerin übersetzte für mich auf Englisch. »Routine, Kontrolle von Ausländern«, sagte der Polizist. Wieso ich hier in Südungarn sei, wollte er wissen. Er und sein Kollege inspizierten daraufhin meinen grünen Pass, so als sähen sie zum ersten Mal in ihrem Leben einen Ausländer. Sie wirkten enttäuscht, als sie feststellten, dass ich mich legal im Land aufhielt. Zumindest glaubte ich das aus ihrem Tonfall herauszuhören.

Wenige Wochen später musste ich wieder aus Ungarn berichten – in der Redaktion galt ich inzwischen als Spezialist für das Land –, denn im Budapester Bahnhof Keleti saßen Tausende Flüchtlinge aus Syrien und anderen Ländern fest. Wochenlang schliefen die Menschen auf dem Bahnhofsboden, und mangels sanitärer Anlagen mussten sie sogar ihre Notdurft in den Ecken verrichten, in denen sie übernachteten. Familien aus Syrien, junge Männer aus Afghanistan, Kinder aus aller Welt wurden zum politischen Spielball, obwohl das Recht auf Asyl einst in Europa unmissverständlich als Grundrecht definiert worden ist. Die ungarische Regierung benutzte sie im Sommer 2015 als Faustpfand für Verhandlungen in Brüssel.

Mitten in der Menschenmasse am Keleti stand ein Anhänger der Jobbik-Partei mit einer Fahne von Großungarn in der Hand. Er überwache die Situation und drohe damit, »einzugreifen«, falls die Regierung nicht handeln wolle, meinte er zu mir. Überall tauchten solche Gestalten auf, Hooligans randalierten unweit vom Bahnhof, die Stimmung in weiten Teilen der ungarischen Gesellschaft war feindlich und aggressiv. Zwar gab es Hunderte Budapester, die Obstkisten schleppten, Aufladestationen für Handys einrichteten, Clowns für traumatisierte Kinder spielten oder Flüchtlinge über die Grenzen schmuggelten, doch die Mehrheit der Ungarn stand hinter dem Hobbysoldaten vom Keleti und seinem Ministerpräsidenten. Denn Viktor Orbán reagierte schnell, indem er die Proteste einer statistisch festgehaltenen Mehrheit der Ungarn erhörte.[3] Es folgte ein politisches Programm des demokratisch legitimierten Rassismus mit der faktischen Aussetzung des Asylrechts, dem Ausbau des Grenzzauns und einer Rhetorik der Entmenschlichung gegenüber allen Geflüchteten und Migranten.

Angela Merkel würde bald darauf die Flüchtlinge vom Bahnhof Keleti nach Deutschland holen. Sie hatte erkannt, dass sie diese europäische Krise bei unseren Nachbarn und Partnern nicht einfach ignorieren oder aussitzen konnte. Sie musste handeln. Denn es drohte schlicht eine humanitäre Katastrophe.

Die Chaoswochen von Budapest erlebte ich mit vier Syrern aus Aleppo und ihrer Cousine Zeinab aus Berlin, die ihre Verwandten aus der Budapester Sackgasse retten wollte. Sie versteckten sich in schäbigen Ferienwohnungen in der Innenstadt von Pest. Jede Nacht wechselten sie das Quartier und schliefen manchmal zusammengepfercht auf wenigen Betten nebeneinander. Da ich die ganze Zeit dabei war, verschwammen irgendwann die Grenzen zwischen Reporter und Protagonisten. Es ist sehr schwer, die journalistische Distanz zu wahren, wenn man tagelang auf engstem Raum zusammenwohnen muss. Außerdem wurde ich immer wieder selbst als syrischer Flüchtling wahrgenommen und konnte dadurch zumindest ein bisschen erfahren, was es heißt, so dermaßen anders zu sein. Einige Vermieter wirkten überaus misstrauisch, und so mussten wir jedes Mal befürchten, dass die Polizei nachts vor der Tür steht. Als es einmal zu später Stunde klingelte, hielten die Syrer den Atem an. Alle zitterten, und einer von ihnen kämpfte mit den Tränen. Ich öffnete die Tür, und draußen stand die Nachbarin. Sie drückte mir eine Tüte mit Humus und Fladenbrot in die Hand und sagte in gebrochenem Englisch: »Passt auf euch auf, hier im Haus leben Jobbik- und Fidesz-Wähler.« Wir sollten uns besser nicht mehr auf dem Balkon blicken lassen. Sie schaute nervös nach links und rechts in den Flur und verschwand dann wieder hinter ihrer Wohnungstür.

Ein schwedischer Fluchthelfer sollte die Familie über die Grenze nach Deutschland schmuggeln, doch bis dahin mussten sie sich irgendwo vor den Behörden verstecken. Die Polizei holte nämlich weiterhin systematisch und auch unter Einsatz von Gewalt alle Nichtweißen von der Straße weg. Schließlich rief ich meine jüdische Freundin Dóra an. Ich war mir sicher, dass sie und ihre kleine Gemeinde auch ohne große Erklärung den Ernst der Lage verstünden. Und so war es auch: Mit ihrer Hilfe versteckte ich im August 2015 vier Syrer vor weißen Menschen – in einer Synagoge. »Wir Ostjuden wissen, dass man vor staatlicher Willkür nur flüchten kann«, sagte eine Jüdin dort.

In Mittel- und Osteuropa macht sich schon seit einiger Zeit staatlich betriebener Rassismus breit, der auf die Unterstützung einer Mehrheit in den jeweiligen Gesellschaften baut. In Polen, in der Slowakei, in Ungarn und anderen osteuropäischen Ländern hetzen Ministerpräsidenten, Parlamente verabschieden rassistische Gesetze, Wähler demonstrieren gegen Minderheiten, gegen Roma, (teils gar nicht vorhandene) Muslime und Flüchtlinge. Doch so schlimm der dortige Rassismus und so weiß diese Länder buchstäblich bleiben wollen: Das weißeste Land in Europa befindet sich nicht im Osten. Das Land mit dem hartnäckigsten Rassismus auf dem Kontinent ist weder Ungarn noch Polen noch die Slowakei. Wenn ich schon eine Rangliste des Weißseins aufstelle, dann landet ein ganz anderes Land auf Platz eins: Frankreich.

Als ich zum ersten Mal in Paris war, fuhr ich mit dem Vorortzug quer durch das Stadtgebiet. Von Nord nach Süd. In den

Vororten, dort, wo Paris eigentlich gar nicht Paris ist und die Orte schöne Namen wie Le Blanc-Mesnil oder Fontenay-aux-Roses tragen, stiegen Franzosen ein und aus. Sie waren die Kinder und Enkel von Marokkanern, Algeriern, Tunesiern, Senegalesen, Maliern, Ivorern. Im Zentrum, im echten Paris also, stiegen ebenfalls Franzosen ein und aus. Sie waren alle weiß. Bevor der Zug die Banlieues auf der anderen Seite der Stadt erreichte, verschwanden die weißen Franzosen nach und nach wieder, und in den Waggons lasen nur noch Nichtweiße Zeitung, hörten Musik oder starrten aus den dreckigen Zugfenstern. Sie blickten auf zerschmissene Scheiben von Industrieanlagen und rauchende Schornsteine maroder Fabriken.

Im Januar 2015 saß ich wenige Stunden nach den Attentaten auf die Redaktion des Satiremagazins *Charlie Hebdo* und auf einen koscheren Supermarkt an der Porte-de-Vincennes wieder in einem dieser Vorortzüge. Terroristen hatten darüber gerichtet, wer am Leben bleiben darf und wer getötet wird. Schon wieder reagierte die französische Regierung, reagierten die Parteien im Land und eine Mehrheit der Bevölkerung mit einer trotzigen Haltung, wie sie nur Biofranzosen an den Tag legen können: Sie sprachen von Krieg. Und wenn ich fragte, gegen wen sie Krieg führen wollten, erntete ich Schweigen.

In Paris herrschte Ausnahmezustand. Tagelang machte die Polizei Jagd auf die Brüder Kouachi, die erst in der Redaktion von *Charlie Hebdo* elf Menschen und dann auf ihrer Flucht einen Sicherheitsbeamten niederschossen. Stundenlang verschanzte sich ihr Komplize Amedy Coulibaly in einem koscheren Supermarkt und brachte dort vier jüdische Bürger um.

In der Banlieue von Grigny stieg ich einige Tage später aus

einem Vorortzug, der schon Jahrzehnte seinen Dienst verrichtete. Der Ort entsprach dem Klischee der tristen, heruntergekommenen Vorstadt. Es war später Nachmittag, der Himmel grau, und im senffarben flimmernden Licht erkannte ich nur die Silhouette eines Einkaufszentrums. Als ich mich wegen des Sprühregens dort hinbegab, stellte ich fest, dass die meisten Verkaufsflächen leer standen. In der Mitte des Gebäudes fand ich das »Café Grigny«, in dem einige aus Mali stammende Großväter ihren Tee tranken. Neben ihnen stießen zwei Alkoholikerinnen mit Rotwein an. Sie waren weit und breit die einzigen weißen Franzosen. Das Café war eigentlich ein kleiner Pavillon. Nachdem mir ein marokkanischstämmiger Barkeeper eine Limonade eingeschenkt hatte, lauschte ich eine Weile den Gesprächen der von den Terroranschlägen sichtlich geschockten, eingeschüchterten Menschen.

Amedy Coulibaly war hier geboren und aufgewachsen, seine Familie wohnte weiterhin in den während der 1930er Jahre hastig hochgezogenen Sozialbauten von Grigny. In die engen Wohnungen steckte der französische Staat die nichtweißen Arbeiter, von denen einige einst als Zwangsarbeiter aus den Kolonien hierher verschifft worden waren. Einer der Männer im Café sagte: »Man hätte Amedy nicht freilassen sollen aus dem Gefängnis. Unsere Söhne sind verloren. Wenn man sie freilässt, töten sie.« Wer den Namen Coulibaly in Frankreich trage, habe nun definitiv keine Chance mehr auf ein normales Leben. »Die Franzosen haben uns hierher gezwungen, wir haben geschuftet, und nun töten unsere Söhne sie.« Ein älterer Mann wischte seine Tränen mit einem zerknitterten Altherren-Taschentuch weg. Die Männer schlürften ihren Tee und erzählten sich die Geschichte des Terroristen, der unter ihnen aufgewachsen und der nie zur Schule gegangen war, der keinen richtigen Beruf gelernt hatte, der kleinkriminell und am Ende radikal geworden war. Wie man heute weiß, knüpfte Amedy Coulibaly seine ersten Kontakte zum Islamismus in einem staatlichen Gefängnis.

Coulibalys bester Kumpel war in jungen Jahren bei einer Verfolgungsjagd gestorben. Die beiden Männer hatten gestohlene Motorräder auf einen Lastwagen geladen. Amedy, so erzählten es die Großväter im »Café Grigny«, hasste danach die Polizei, den Staat, das System, die Weißen aus vollem Herzen. Er schloss sich der Terrororganisation »Islamischer Staat« an und tötete unschuldige Menschen, um sich an Frankreich zu rächen. Die menschenverachtende Propaganda der Dschihadisten bezieht sich unter anderem auf die Gräueltaten der Franzosen während der Kolonialzeit. Nachkommen von nichtweißen Familien, die durch den Kolonialismus beinahe zerstört worden sind, fühlen sich davon angesprochen und fallen auf den islamistischen Hass herein. »Wie können wir unsere Söhne und Töchter nur davon überzeugen, dass der Terror nicht der richtige Weg sein kann?«, fragten sich die Männer im Café.

Natürlich wurde die Familie Coulibaly von den französischen Medien kritisch unter die Lupe genommen. So war es plötzlich eine Nachricht wert, dass eine Schwester des Attentäters als Tanzlehrerin arbeitete und in Youtube-Videos mit ihrem Hinterteil wackelte.[4] Und dann spielte sie noch ausgerechnet in antirassistischen Theaterstücken mit und rief Frauen auf, sich mit ihrem Körper zu versöhnen. »Egal ob dicker oder dünner Po, egal ob große oder kleine Brüste, wir tanzen und bewegen uns«, sagt sie in einem Werbespot für ihren Tanzkurs. Als sich die Familie Coulibaly in einem offenen Brief an die Nation wandte, das Verbrechen ihres Sohnes verurteilte und sich vom Extremismus distanzierte, bekam ich einen Tipp von einem französischen Kollegen und machte mich auf die Suche nach ihnen.

Ich irrte also zwischen den Betonklötzen von Grigny umher. Jeder wollte an diesem Abend möglichst schnell nach Hause. Auf der Straße traf ich dann zufällig auf eine der acht Schwestern des Attentäters. Ich konnte mein Reporterglück kaum fassen. Sie dagegen wirkte sichtlich genervt. Sie wollte schon hastig weitergehen, blieb dann aber doch stehen und begann einen fast zehnminütigen Monolog.

»Ich trauere um die Menschen, die er getötet hat.« Amedy Coulibaly sei für die französische Gesellschaft nichts wert gewesen, nun sei es an der Zeit, dass ihn die Familie endgültig verstoße. »Am liebsten würde ich meine Haut abstreifen.« Sie wirkte verwirrt, aufgewühlt und nervös. »Es darf nicht um uns gehen, nicht jetzt. Es geht nie um uns. Aber gerade jetzt darf es nicht um uns gehen.«

Ihr Monolog ähnelte interessanterweise einem anderen, den ich ebenfalls in diesen Tagen nach dem Attentat auf *Charlie Hebdo* mitbekam. Als der Tatort noch weiträumig abgesperrt war, die Menschen ihren Schmerz und ihre Trauer in Form von Blumenbouquets vor dem Polizeiband ablegten, stand da eine weiße Frau. Sie störte die Pariser aus dem Zentrum, die mit ihren gespitzten Bleistiften und Mohammed-Karikaturen für die Meinungsfreiheit demonstrierten. Für die meisten war das Ganze vor allem eine Geschichte der Liberté, eine Tragödie der Meinungsfreiheit. Sie erkannten nicht, dass dahinter ein viel größerer und älterer Konflikt steckt.

Die Frau hatte am Tag nach dem Attentat offenbar das Bedürfnis zu sprechen, also kaufte sie ein paar Lilien und begab sich an die Rue Nicolas Appert. Sie weinte und sprach laut vor sich hin: »Hören wir damit auf! Wir bauen uns Opern, Museen und Bibliotheken, und die Menschen da draußen bekommen nur unsere Verachtung. Wir führen Krieg gegen diese Menschen. Wir führen Krieg gegen unsere eigenen Kinder, nur weil sie anders aussehen. Menschen sterben, weil diese Republik immer nur von Gleichheit und Brüderlichkeit spricht, sie aber nie anwendet. Und wenn, dann nur auf Menschen wie mich.«

Die anwesenden Kameras richteten sich auf die Frau. Im Gewimmel der Weltpresse, der trauernden Franzosen, der postierten Polizisten kehrte für einen Augenblick Ruhe ein. Niemand wagte es, ihr zu widersprechen – oder ihr auf die Schulter zu klopfen. Doch kaum hatte sie den Ort wieder verlassen, machten die Trauernden weiter wie gehabt. Sie legten Bleistifte auf den Boden, klebten Karikaturen an die Fassaden, sprachen in die Kameras »Je suis Charlie«. Und wer nicht mitmachte, wer keine Karikaturen anbetete, der war fremd, der gehörte nicht dazu, der sollte ausgeschlossen bleiben.

Keiner konnte ahnen, dass diese Geschichte der Gewalt, des Terrors noch im selben Jahr weitergehen sollte – in Dimensionen, die ich damals nicht für möglich gehalten hätte: Im November 2015 töteten französische und belgische Dschihadisten in einer koordinierten Aktion 130 Menschen in Paris.

Wenn ich in meinen Berichten über solche abscheulichen Taten und über die Umstände, in denen sich junge Menschen radikalisieren, das Thema Rassismus anspreche, wird das oft als Entschuldigung für diese Gewalt betrachtet. Deswegen schreibe ich hier ausdrücklich, dass sich Terror durch nichts entschuldigen lässt. Es geht aber sehr wohl darum zu verstehen, warum der Islamismus so viele junge Menschen verführt.

Zehn Jahre zuvor, daran hatte die Frau am Redaktionsgebäude von *Charlie Hebdo* erinnert, hatten Grigny, Le Blanc-Mesnil, Clichy-sous-Bois, Bondy und viele andere Banlieues in Frankreich gebrannt. Junge nichtweiße Männer hatten sich wochenlang Straßenschlachten mit der Polizei geliefert. Zuvor hatte sich der damalige Innenminister und spätere Staatspräsident Nicolas Sarkozy mit einer Äußerung in den Geschichtsbüchern verewigt: »Ich werde die Straßen von diesem Abschaum reinigen.«[5] Als Sarkozy die Einwanderer, ihre Kinder und Enkel in Frankreich pauschal als »Gesindel« bezeichnete, saß ich im Oktober 2005 in Marokko vor dem Fernseher – zusammen mit meiner Tante, die in Frankreich in so einem Ghetto lebt und gerade zu Besuch war. Wie sie schlagen sich etliche aus der Familie meiner Mutter entweder mit schlechtbezahlten Putzjobs, Saisonarbeit bei der Weinernte oder Sozialhilfe durch. Wann immer es geht, fahren sie nach Marokko, um bei ihren Verwandten und Freunden etwas Liebe zu tanken. Meine Tante hüpfte nun vor dem Bildschirm herum und klatschte angesichts von Sarkozys Worten vor lauter Wut und Verzweiflung in die Hände. Ihr Vater war in den 1940er Jahren als Staatsbürger des marokkanischen Protektorats von den Franzosen in den Indochina-Krieg geschickt worden. Laut französischem Recht stand den Veteranen aus den Kolonien ein Arbeitsaufenthalt in Frankreich zu. Sofern sie der französische Staat nicht sowieso zur Arbeit im Mutterland zwang, kamen sie, um sich als billige Arbeitskräfte eine Existenz aufzubauen. Sie blieben auf Dauer und kehrten höchstens im Sommer und im Ramadan in ihre Herkunftsländer zurück, um Urlaub zu machen. Die Marokkaner, Tunesier, Senegalesen, Ivorer und Malier gründeten Familien oder holten ihre Kinder aus den ehemaligen Kolonien zu sich nach Europa. Sie lebten im »Mutterland« in Armut, außerhalb der Zentren, zusammengepfercht auf engstem Raum. Sie wurden bespuckt, beleidigt, verachtet. Und nun, Jahrzehnte später, wurden sie vom zukünftigen Staatspräsidenten höchstpersönlich und offiziell zu »Gesindel« und »Abschaum« erklärt.

Für die Mehrheit der nichtweißen Franzosen ist ein sozialer Aufstieg schier unmöglich. Er wird strukturell verhindert: Die Türen von Schulen, Hochschulen, Unternehmen, Behörden bleiben ihnen in der Regel verschlossen – wie zu Kolonialzeiten, nur dass damals klar und offiziell definiert war, wer Meister und wer Untertan war. »Wir haben ihnen die Zivilisation, Krankenhäuser und Schulen gebracht, und nun danken sie es uns mit Gewalt und Islam«, sagte mir einmal eine ältere, weiße Französin in Marseille, die in den fünfziger Jahren als Lehrerin im besetzten Algerien gearbeitet hatte. Ihrer Überzeugung nach war die Besatzung richtig gewesen, und mit dieser Meinung bildet sie wahrlich keine Ausnahme in Frankreich. Im Jahr 2005 verabschiedete das französische Parlament sogar ein Gesetz, in dem es heißt: »In den Schulen Frankreichs soll die positive Rolle der französischen Präsenz in den Überseegebieten, speziell in Nordafrika propagiert werden.«[6]

Zu viele Biofranzosen nehmen ihren Voltaire beim Wort, der einmal geschrieben hat: »Die Rasse der Neger ist eine von der unsrigen völlig verschiedene Menschenart, wie die der Spaniels sich von der der Windhunde unterscheidet. Man kann sagen, dass ihre Intelligenz nicht einfach anders geartet ist als die unsrige, sie ist ihr weit unterlegen.«[7] Für ein längeres Dossier über diese nach wie vor verbreitete Einstellung bemühte ich mich einmal um ein Gespräch mit dem Publizisten Eric Zemmour. Er ist so etwas wie das personifizierte

Pegida in Frankreich, nur dass er dort schon seit mehr als zwanzig Jahren aktiv und mit seiner Meinung mehr als nur mainstreamfähig ist. Zemmour ist homophob, er trauert dem Vichy-Regime nach[8] und pflegt einen rassistischen Diskurs – für den er bei vielen Biofranzosen beliebt ist. Als Kolumnist der rechtskonservativen Zeitung *Le Figaro* kommentiert und spricht er aus, was eine Mehrheit der weißen Franzosen denkt: »Diskriminierung gehört zum Leben dazu. Arbeitgeber sollten ein Recht haben, Araber und Schwarze abzulehnen«[9]; »Frankreich geht unter in Europa, in der Globalisierung, der Migration und dem Multikulturalismus«[10]; »Man kann [in Frankreich] nicht mehr die Wahrheit sagen, ohne als Rassist beschimpft zu werden, wir müssen dies stoppen«[11].

Eric Zemmour ist ein gutes Beispiel dafür, wie das Zusammenleben in Europa nicht funktionieren kann und auch nicht funktionieren sollte. Er positioniert und stilisiert sich explizit als »Angehöriger der weißen Rasse« und als Opfer der politischen Korrektheit. Für mich wäre er der perfekte Gesprächspartner über den traditionellen Rassismus der Franzosen gewesen. Leider wollte er, trotz meiner sehr netten Anfrage, nicht mit mir reden; einen Grund nannte er nicht.

Es sind aber nicht nur französische Populisten, die mir Angst machen. Von links bis rechts, von Kommunisten bis Rechtsextremen, von Arbeitern bis Professoren begegnen mir in Frankreich überall Überheblichkeit und Selbstverliebtheit. Überspitzt gesagt: Man gehört in Frankreich erst dann dazu, wenn man gerne Wein schlürft, den Glauben anderer beleidigt und den Kolonialismus sowohl in seiner alten wie auch in seiner modernen Gestalt verharmlost. Die Andersmachung à la française spricht allen, die von der biofranzösischen Norm abweichen, kurzerhand das Existenzrecht ab. Kopftuchverbote, Burkini-Debatten, der heilige Laizismus, identitäre Bewegungen sind allesamt französische Erfindungen – die sich langsam auch in Deutschland breitmachen.

Etwas mehr als ein halbes Jahr nach #JeSuisCharlie traf ich die nichtweiße Aktivistin Rokhaya Diallo. Als Tochter von senegalesischen Einwanderern und als gebürtige Pariserin setzt sie sich für die Gleichstellung aller benachteiligten Gruppen in Frankreich ein. Sie erzählte mir, wie man sie einmal aus einem Bezirksrathaus geworfen hatte. Ursprünglich war sie dort als Referentin geladen gewesen. Diallo wurde dann aber von der sozialistischen Bürgermeisterin offiziell ausgeladen, weil sie öffentlich erklärt hatte, dass sie die Attentate auf das Satiremagazin verurteile, sich dem Slogan #JeSuisCharlie aber nicht anschließen könne. Denn Woche für Woche, immer wenn von *Charlie Hebdo* ein Schwarzer als blöd und mit dicken Lippen, immer wenn ein Araber als dumm und mit Bart, immer wenn ein Chinese als doof und grinsend dargestellt wurde, weigerte sich Diallo, »Je suis Charlie« zu rufen. »Satire darf alles, und ich darf diese Satire als rassistisch entlarven«, erklärte sie. Es ist ein Satz, der mich geprägt hat und den ich mir gemerkt habe. Aus Sicht vieler weißer Franzosen hatte Diallo mit diesen Worten allerdings die Grenze der Meinungsfreiheit überschritten.

Sogar manche sieben- bis vierzehnjährigen Kinder, die sich an ihren Schulen weigerten, das #JeSuisCharlie zu unterstützen, wurden wie Terrorverdächtige behandelt. Anstatt mit ihnen zu reden, riefen Pädagogen die Polizei.[12] In einer Parlamentsdebatte war die Ansage nach den Attentaten vom Januar 2015 klar: Entscheidet euch! Seid ihr drin oder draußen? Dabei können die Einwanderer und ihre Kinder qua Hautfarbe gar nicht Charlie sein. Charlie ist nur etwas für

Weiße und ihre Tokens. So erklärten es mir zumindest die Bewohner von Grigny, Bondy und Clichy, so erklärte es mir die Aktivistin Diallo. Selbst Nichtweiße, die die »richtige« Passfarbe besitzen, werden nach wie vor häufig nicht als selbstverständlicher Teil Europas betrachtet und behandelt.

Als die Staats- und Regierungschefs Europas und der Welt, angeführt von François Hollande und Angela Merkel, nach den Attentaten auf *Charlie Hebdo* ebenfalls das zwischendurch berühmte »Je suis Charlie« unterstützten, fragten sich viele Nichtweiße in Europa, ob hinter dieser Symbolik wirklich nur eine Kampfansage gegen den Terror steckte – oder nicht doch noch etwas anderes. In jedem Fall machten sie sich keine Illusionen über die negativen Folgen, die der islamistische Terror für sie bedeutete: wachsendes Misstrauen und ein massives Wiederaufflammen von Vorurteilen und Schikanen. Vor allem die Muslime Europas waren selbst nicht nur potenzielle Anschlagziele von Dschihadisten, sie wurden auch zur Zielscheibe für die verbalen und darüber hinaus physischen Angriffe der weißen Mehrheit: Schweinsköpfe wurden vor Moscheen platziert, Kopftücher weggerissen, nichtweiße Kinder gemobbt. Die Anschläge von Brüssel, Paris und anderswo waren somit auch für sie ein Fanal.

Im November 2015 fragte mich die Robert-Bosch-Stiftung, ob ich dem Kontinent öffentlich meine Meinung sagen möchte. Jedes Jahr organisieren mehrere deutsche Stiftungen, darunter auch die CDU-nahe Konrad-Adenauer-Stiftung, die sogenannte Europarede, bei der ein hoher Repräsentant der EU über die Lage der Union spricht. Im Jahr 2015 war es der Pole Donald Tusk, Präsident des Europäischen Rates, der am 9. November, am Jahrestag der deutschen Novemberrevolution, der Reichspogromnacht und des Mauerfalls, in einem

Gebäude am Pariser Platz und mit Blick auf das Brandenburger Tor über die EU philosophieren durfte. Meine Aufgabe war es, direkt nach Tusk ein kurzes Schlusswort zu halten.

Auf der Terrasse bekam ich vorher mit, wie Tusk mit anderen älteren, weißen Herren über »die Flut«, »die Katastrophe«, »die Gefahr für Europa« diskutierte. Bei Keksen und Orangensaft klopften sie sich auf die Schultern und versprachen, schon »eine Lösung« zu finden. Ungarn habe ja recht mit seiner Politik des eisernen Zauns, Frankreich inspiriere sie mit dem #JeSuisCharlie. Man dürfe »auch wegen der Terrorgefahr kein Land zwingen, fremde Menschen aufzunehmen«. Ich klammerte mich an mein Redemanuskript, schaute auf das Brandenburger Tor, das zum Greifen nahe war, und ließ mich brav mit den weißen Männern auf dem Gruppenfoto ablichten.

Im Verlauf seiner halbstündigen Rede kritisierte Tusk die Flüchtlingspolitik Angela Merkels als zu liberal und zu offen und rief dazu auf, »die Außengrenzen der EU besser zu überwachen«. Die vielen weißen Männer im Publikum klatschten. Die wenigen jungen Menschen, die auf dem Boden und auf einer Treppe saßen, reagierten etwas verhaltener. Ich spürte, wie sich das Lampenfieber in meinem Körper ausbreitete – dabei bin ich selten in meinem Leben aufgeregt. Als ich an der Reihe war, trat ich neben das überdimensionierte Blumengesteck, richtete das Mikrofon aus, schaute ins Publikum und blickte in viele, sehr viele weiße Gesichter. Ich atmete tief durch und erzählte die Geschichte von den vier Syrern, die ich in Budapest in einer Synagoge verstecken musste.[13] Ich erzählte ihnen von den Menschen, die im Krieg vor Bomben flüchten, die im Nahen Osten hungern, die im Mittelmeer sterben, die auf dem Balkan frieren und in der Europäischen Union rassistischer Gewalt und Politik ausgesetzt sind. »In

Europa im Jahr 2015 ist es nicht gut, so auszusehen, wie ich aussehe, so zu heißen, wie ich heiße.« Als ich diesen Satz aussprach, sah ich, wie einer unbekannten Frau im Publikum die Tränen kamen. Sie war eine der wenigen Nichtweißen im Raum. Ihre Tränen weichten meine Stimme auf, sie wurde brüchig. Ich bekam einen Mitleidsapplaus und klammerte mich an die Blätter vor mir. Ich schaute auf und blickte direkt in die Augen des EU-Ratspräsidenten. »Was auch immer diese ›europäischen Werte‹ sein mögen. Ich kann Ihnen sagen, Sie haben sie weder gepachtet, noch halten Sie sich gerade daran.«

Im Anschluss kamen weiße Männer auf mich zu, schüttelten mir die Hand, und die meisten lächelten mich mit einer großen Portion Mitleid an. Einer von ihnen machte ein Selfie mit mir. »Guuut haaaben Sieee daaas gemaaacht!«, ließ er mich wissen. Ein hagerer Mann drängelte sich zu mir vor und zitierte einen Satz von Voltaire, den ich mir in der Hektik leider nicht merken konnte. Dann sagte er, dass er durchaus Verständnis für den ungarischen Ministerpräsidenten habe, ehe er sich am Ende doch noch um versöhnliche Worte bemühte. »Tolle Rede, junger Mann! Aber Sie müssen rational denken.« Ich hätte eine zu ausgeprägte Moral, schloss er, »so etwas können wir uns in Europa nicht leisten«.

10 ENKELKIND MIT BLAUEN AUGEN

Im kleinen Wohnzimmer von Tante Fatima setzte sich meine etwas übergewichtige, oft laut lachende, nach Vanille-Handcreme duftende Mutter auf ihren Stammplatz neben dem Fernseher. Im Frühjahr 2015 fand ich mich mit ihr, vielen anderen Tanten, deren Kindern und Ehemännern in der Altstadt von Meknès wieder. Tante Fatima hatte zum Familientreffen eingeladen. Unsere Gastgeberin tischte auf, was der Markt zu bieten hatte. Es duftete nach frischem Brot, frischer Butter, frischem Minztee und Vanille. Meine Mutter umarmte mich und präsentierte stolz ihren Journalistensohn: »Mohamed hat es geschafft – im Land der Weißen.« Alle klopften mir auf die Schulter.

Auf dem kleinen Bildschirm neben meiner Mutter liefen die Nachrichten im marokkanischen Staatsfernsehen. Ein Beitrag klärte über die EU-Flüchtlingspolitik auf. Der Reporter erzählte, dass die europäischen Regierungen alles dafür täten, damit afrikanische Flüchtlinge in Transitländern wie Marokko blieben. Die marokkanischen Behörden bekämen Millionen von Euro, um die Migranten von der Weiterfahrt gen Norden abzuhalten. Zur Stimme des Reporters waren Archivbilder von einem kleinen schwarzen Baby zu sehen, das von einem weißen Arzt untersucht wurde.

Eine der Tanten fühlte sich zu einem Kommentar bemüßigt: »Die Flüchtlinge vergewaltigen unsere Mädchen.« Eine andere ergänzte: »Und sie nehmen unseren Kindern die Arbeit weg.« Einer meiner Cousins meldete sich zu Wort: »An

Kreuzungen – vor allem wenn die Afrikaner meine Windschutzscheibe reinigen wollen – pass ich auf, dass die Autotüren verschlossen sind.« Ich versuchte zu erklären, dass alle Anwesenden im Wohnzimmer von Tante Fatima ebenfalls Afrikaner seien, doch meine Mutter unterbrach mich. Sie wollte unbedingt auch mitreden und murmelte etwas davon, dass neue kriminelle Banden in Marokko unterwegs seien: »Im deutschen Fernsehen habe ich gesehen, dass alle Roma klauen. Vielleicht sind die jetzt auch in Marokko am Werk?« Es fielen danach noch mehr Begriffe, die mir bekannt vorkamen: Angst vor Überfremdung, Ausländermafia, Asylantenflut.

Irgendwann fragte mich Tante Fatima nach meiner Meinung. Ich holte also tief Luft und erzählte vom spazierenden Phänomen in Dresden, von brennenden Flüchtlingsheimen in Deutschland, von rassistischen Parteien und rechten Populisten in Europa. Ich berichtete meinen Verwandten vom Antisemitismus in Ungarn und von pauschaler Islamfeindlichkeit in Frankreich. »Und wusstet ihr, dass Marokkaner in Flandern von rassistischen Polizisten als ›Affen‹ bezeichnet werden?«[1] Ich redete mich ziemlich in Rage und meinte schließlich – mit Blick auf den innerfamiliären Frieden vielleicht etwas unsensibel –, dass meine Tanten und Onkel nicht besser seien als jene, die uns Nichtweiße jeden Tag in Europa diskriminieren.

Tante Fatima umarmte mich und schenkte mir gegen meinen Willen Tee nach. Es herrschte nun betretenes Schweigen im Wohnzimmer, und alle starrten wieder auf den Bildschirm: In den Nachrichten lief ein Beitrag über »die Ehrung marokkanischer Märtyrer im Unabhängigkeitskrieg gegen Frankreich«.

Der Rassismus vergangener Tage – und auch der von heute – gleicht einer Plastikflasche, die man in den Müll wirft und von der man glaubt, man habe sie entsorgt. Dabei landet die Flasche vielleicht im Meer, und Fische ersticken an den Plastikmolekülen, oder sie wird auf einer Mülldeponie verbrannt, so dass die giftigen Stoffe in die Atmosphäre gelangen, oder sie liegt Hunderte Jahre irgendwo herum und will sich partout nicht zersetzen. Genauso wie diese Plastikflasche belastet der koloniale Rassismus auch heute noch die Umwelt von People of Colour. Auch wenn die meisten Weißen heute nicht mehr viel damit zu tun haben, können sie doch in vielen Ländern beobachten, was ihre Großväter und Großmütter angerichtet haben.

Ich frage mich oft, ob die Marokkaner wirklich schon vergessen haben, dass sie vor nicht allzu langer Zeit unter einem Regime des institutionalisierten Rassismus gelitten haben. Wie ist es zu erklären, dass jemand, der selbst von Rassismus betroffen war oder sogar noch immer ist, seinerseits rassistisch spricht und agiert?

Mama sagt immer, dass meine Zukünftige keine Araberin sein sollte. Ich kann mich noch gut erinnern, wie sie das erste Mal darauf zu sprechen kam. Ich war damals dreizehn Jahre alt, und wir saßen gemeinsam in unserem Wohnzimmer. Meine Mutter fing aus heiterem Himmel an, ihre Traumschwiegertochter zu beschreiben: »Deine Freundin muss weiß und rein sein.« Ich reagierte spontan so, wie wahrscheinlich die meisten Pubertierenden reagieren würden: Ich stellte den Fernseher lauter. Es gab Wichtigeres im Leben als die Phantasien meiner Mutter, zum Beispiel die neueste *Pokémon*-Folge. Doch mein Ablenkungsmanöver hat nicht wirklich geholfen. Bis heute betont meine Mutter immer wieder minutiös, wie ihre Traumschwiegertochter aussehen sollte: »blaue Augen, blondes Haar, weiße Haut«. Neulich sprach ich sie am Telefon darauf an, und sie erklärte mir, dass sie sich eigentlich »ein süßes, weißes Enkelkind« wünsche, »das im Leben erfolgreich ist und nicht diskriminiert wird«.

Ich gebe zu, dass ich mir bei unserem Telefonat gelegentlich einen Fernseher gewünscht habe, den ich hätte lauter stellen können. Aber das hätte die Fragen in meinem Kopf sowieso nicht übertönt. Nachdem ich aufgelegt hatte, erinnerte ich mich daran, dass ich ja gerade verstehen wollte, woher ich komme und was mich geprägt hat. Ich wollte verstehen, warum ich heute mit 28 Jahren nicht einfach »abschalten« kann, weil meine Mutter mich einst darum bat, ihr ein weißes Enkelkind zu schenken. Wie kam und kommt diese Frau nur auf so einen absurden Wunsch? Auf der Suche nach Antworten vertiefte ich mich schließlich in die Literatur über postkoloniale Psychoanalyse.

Ihr zufolge hat der Kolonialismus bis heute Spuren hinterlassen – in Form von direkten, politischen Auswirkungen auf heutige Konflikte und als Störfaktor tief in der Psyche vieler, vor allem nichtweißer Menschen. Die jahrhundertelange Fremdbestimmung durch Weiße hat nicht nur ein bis heute andauerndes politisches und wirtschaftliches Ungleichgewicht zwischen den Regionen dieser Welt erzeugt, sie hat auch Ideen im kollektiven Gedächtnis der ehemals Kolonialisierten, Knoten in ihren Seelen und Minderwertigkeitskomplexe hinterlassen: Je *heller* die Hautfarbe, desto besser, je *nördlicher* die Heimat, desto besser, je *näher an den ehemaligen Kolonialherren,* desto besser.

»Die Weißen« haben vorgelebt, wie man effektiv Herrschaft ausübt und »die anderen« kontrolliert. Heute haben diese Weißen einen komfortablen Vorsprung vor dem Rest der Welt: wirtschaftlich mit ihren Industriestandorten und Monopolen auf wichtige Dienstleistungen, politisch durch die herrschende Weltordnung und nicht zuletzt durch kulturelle Hegemonie. Den ehemaligen »Meistern« oder »Herren« nachzueifern, so wie sie zu sein, ist für viele Nichtweiße zum übergeordneten Lebensziel geworden. Anscheinend sogar für meine eigene Mutter.

Dabei ist Anpassung an erfolgreiche Lebens- oder Herrschaftsmodelle nicht nur eine Frage der menschlichen Versuchung, sie ist zunächst und in erster Linie ein evolutionäres Phänomen, das man gut in der Natur beobachten kann. Die Schwebfliege gibt sich beispielsweise als Wespe aus. Evolutionsbedingt hat sich ihr Körper mit der Zeit in den Farben Schwarz und Gelb gefärbt.[2] Kein Vogel kommt bei diesem Anblick auf die Idee, eine Schwebfliege zu fressen, hat er sich doch gemerkt: Gelb-schwarze Insekten sind ungenießbar. Die Tarntaktik bei Tieren, Insekten und Pflanzen nennt man in der Biologie »Mimikry«. Auf Menschen übertragen, hinkt der Vergleich allerdings gleich an zwei Punkten: Die Wespe und die Schwebfliege koexistierten schon immer friedlich nebeneinander, und als Mensch habe ich keinen Einfluss auf meine Hautfarbe. Ich kann nicht plötzlich weiß werden.

Dennoch praktizieren auch Menschen so eine Art Mimikry. Die Schwachen orientieren sich dabei an der Regierungsführung der Starken.[3] Sie kopieren zum Beispiel den Einsatz von Gewalt, die hemmungslose Ausbeutung natürlicher Ressourcen oder den rassistischen Mechanismus der Andersmachung, weil sich diese Instrumente der Machtausübung ja schon einmal bewährt haben. Es gab und gibt demnach immer wieder Nichtweiße, die sich näher am weißen Ideal sehen und daraus das Recht ableiten, andere People of Colour zu diskriminieren und zu dominieren.

Die Eliten in den (ehemaligen) britischen Kolonien kopierten beispielsweise ihre (ehemaligen) britischen Kolonialherren: Sie begrenzten etwa die Bildungschancen für Minderheiten, sie (zwangs-)zivilisierten bestimmte Bevölkerungsgruppen und verwendeten vermehrt und gezielt eine nationalistische und rassistische Sprache. Der britische Kolonialismus hat vielen Ägyptern, Pakistanern oder Indern vorgemacht, wie man effektiv Menschen unterdrücken kann. Nach der Unabhängigkeit imitierten die Entscheidungsträger in den früheren Kolonien die britische Herrschaftspraxis. Genauso verhält es sich mit dem französischen, niederländischen, belgischen, spanischen oder deutschen kolonialen Erbe. Mimikry findet aber auch im Kleinen statt.

Meine Mutter hätte am liebsten heute noch ein Enkelkind von mir, allerdings nicht irgendeines, sondern ein ganz bestimmtes: weiß mit blauen Augen. Spätestens mit der Erfindung von Facebook begegnete mir diese Phantasie in einer Weise, dass ich sie nicht mehr ignorieren konnte. Ich sah plötzlich, dass meine Mutter nicht die einzige Araberin ist, die solche Vorstellungen vom perfekten Enkelkind hegt. Auch andere People of Colour wünschen für ihre Nachkommen und ihre eigene Zukunft nur das Beste – und das ist nun einmal weiß.

Einige meiner ehemaligen Schulfreunde aus Meknès und meiner Bekannten aus anderen nordafrikanischen und nahöstlichen Ländern wie Algerien, Ägypten oder Syrien haben einen ausgeprägten Hang zum Kitsch. Arabische Ramschläden sind meistens vollgestopft mit Plastikblumen, Plüschherzen und Stofftieren. Meine Facebook-Timeline ähnelt gelegentlich so einem Ramschladen. Dort werden fleißig Bilder, Memes und Gifs mit Motiven von blauäugigen, weißen, lächelnden, glücklichen Kindern geteilt. Diese Kinder wünschen mir einen angenehmen Morgen, einen fröhlichen Ramadan oder einfach alles Gute. Ein süßes Baby wie aus einem schwedischen Bilderbuch blickt mir vom Bildschirm aus tief in die Augen, wirft mir einen Handkuss zu oder schaut verträumt aus der Wäsche. Das Phänomen ist stark verbreitet und nimmt mitunter sehr skurrile Formen an. Manchmal sind die Augen der Kinder per Photoshop nachträglich aufgehellt worden, so dass sie wie bei einem Pokémon leuchten.

Als ich mit neunzehn Jahren meine erste richtige Freundin hatte, leuchteten auch die Augen meiner Mutter. Meine große, deutsch-italienische Liebe war zwar nicht ganz blond, aber ihre braunen Haare waren sehr hell. Das Farbspektrum ihrer Augen bewegte sich zwischen Grün und Grau. Und ihre Haut war zart und weiß. Mutter war zufrieden. »Hast du gut gemacht, mein Junge«, sagte sie und platzierte auf der Fotowand im Wohnzimmer ein Porträt von uns beiden zukünftigen Enkel-Lieferanten. Ihr Plan schien aufzugehen: Weiß, erfolgreich, schlau, privilegiert sollte ihr Enkelkind werden. Das Baby ihrer Träume sollte es im Leben nämlich leichter haben, vor allem für den Fall, dass es in Deutschland aufwüchse.

Meine Eltern wussten nur zu gut, wie schwierig es ist, Kinder of Colour in Deutschland großzuziehen. Jahrzehntelang hatten die beiden geschuftet, um ihren Kindern das bestmögliche Leben zu bieten. Und dann mussten sie dabei zusehen, wie ihre Kinder in den Problemkindergarten, in die Problemschule und in den Problemhort gesteckt wurden. Alles andere war ihnen verbaut. »Wir haben versucht, so wie Deutsche zu sein, wir haben uns angepasst«, sagt meine Mutter heute. Es hat nicht funktioniert. »Wenn du nicht weiß bist, hast du im Land der Weißen schon verloren.«

Ich glaube, dass ihre Familiengeschichte unter der französischen Besatzung (meine Großeltern wurden gezwungen, den Kolonialherren zu dienen) und die vielen negativen Erfahrungen in Deutschland als Gastarbeiterin etwas mit meiner Mutter gemacht haben: Sie glaubt ganz fest daran, dass weiße Kinder erfolgreicher sind – aufgrund ihrer Hautfarbe. Eine Oma will am Ende doch nur das Beste für ihre Enkel. Die Chance, dass ein biodeutsches Kind auf eine gute Schule geht, später an einer Universität studiert und einer anerkannten Arbeit nachgeht, ist statistisch betrachtet viel höher als bei nichtweißen Kindern.[4] Das hat sogar meine Mutter, ohne die entsprechenden Statistiken dazu je gesehen zu haben, verstanden. Der koloniale Grundsatz der Hautfarbenlehre steckt noch immer tief in vielen nichtweißen Köpfen. Und zu viele Menschen in ehemals kolonisierten Ländern wenden diesen Grundsatz an. Meine eigene Verwandtschaft, die selbst diskriminiert wurde und wird, verhält sich nach rassistischen Mustern, was nur zeigt, wohin diese Form von Mimikry führen kann: zu mehr Rassismus.

Im Jahr 2014 stand wegen der Ebola-Epidemie der Afrika-Cup auf der Kippe. Das ursprüngliche Gastgeberland Marokko sagte die Großveranstaltung wegen der Ansteckungsgefahr ab, eine schmerzvolle Entscheidung für viele marokkanische Fußballfans. Sie dürfen normalerweise nicht zu den Fußballgroßereignissen ins Ausland reisen, und da kam mal eines zu ihnen, und es wurde abgesagt. Die marokkanische Nationalmannschaft verlor wegen des Rückziehers auch noch ihr Startrecht im Turnier. Für die Fans war das ein unvergessliches Desaster. In der Diskussion um einen schnellen Ersatz für Marokko wurde unter anderem Algerien als alternatives Gastgeberland gehandelt. Doch auch dort regte sich wegen Ebola Widerstand gegen die Austragung. Die algerische Zeitung *al-Shorouk* titelte, dass die Algerier keine Schwarzen in ihrem Land haben wollten. »Vor euch ist Ebola und nach euch kommt Aids«, lautete die Schlagzeile. Schwarze Menschen seien schmutzig, sie würden Krankheiten einschleppen und sollten deswegen nicht einreisen dürfen, schrieb der Chefredakteur im Leitartikel.

Auf die rassistische Ebola-Aids-Schlagzeile stieß ich im Jahr 2014 bei einer Reportagereise im westalgerischen Oran. Ich hatte den Artikel kaum verdaut, da traf ich in der kolonial-französisch geprägten Innenstadt auf eine Gruppe algerischer Jugendlicher, die einen schwarzen Jungen mobbten.[5] Das etwa sechsjährige Kind war der Sohn von nigerianischen Flüchtlingen. Er bettelte um Brot und Wechselgeld. Die Pubertierenden fragten ihn, ob er Ebola habe, und befahlen ihm, »wie ein Affe an einem Strommast hochzuklettern«. Weil das Kind für etwas Essbares alles tun wollte, spielte es den Affen und bekam im Gegenzug eine Banane geschenkt. Die Algerier, der älteste von ihnen war 16 oder 17 Jahre alt, amüsierten sich dabei wie im Zoo. Einige Erwachsene blieben stehen, sagten nichts, manche schmunzelten und gingen weiter. Als ich die Jugendlichen auf ihr Verhalten ansprach, erklärte sich einer von ihnen so: »Wir stehen unter den Europäern und über den Negern, geh und frag in Europa nach, die werden dir das bestimmt bestätigen.« Er erinnerte mich irgendwie an Voltaire.

Ich musste direkt auch an ein ganz bestimmtes Foto denken. Es stammt aus dem Jahr 1958[6] und zeigt eine adrett gekleidete weiße Frau, die mit anderen Weißen hinter einem Zaun in einem menschlichen Zoo in Brüssel steht. In der Mitte des Geheges befindet sich ein kleines schwarzes Mädchen. Man hat ihr einen Pullover und einen Rock angezogen. Ihre Haare wurden abrasiert. Die etwa Sechsjährige nimmt eine Banane von der Frau entgegen. Eine große Sonnenbrille verbirgt die Augen der Zoobesucherin, ihr Lächeln verrät aber, dass sie Spaß und ein gutes Gewissen bei dieser Freizeitbeschäftigung hat. Ein kleiner weißer Junge – wenn er noch lebt, müsste er heute Rentner sein – steht neben ihr und staunt über diese Szene. Die kolonialen Augen hinter dem Zaun richten sich auf den Körper des kleinen schwarzen Mädchens. Es sind Blicke der Verachtung, die das Kind mustern und sozusagen verdinglichen. Nordafrikaner kennen diese weißen Blicke auch und reagieren mehr als ein halbes Jahrhundert nach Ende des alten Kolonialismus darauf, indem sie sie »nach unten« weiterleiten. Diese enge Verbindung zwischen kolonialer Praxis und Rassismus unter Nichtweißen findet sich oft in ganz subtiler Ausprägung wieder.

In arabischen Fernsehsendern, die in Marokko, Tunesien, Ägypten oder dem Libanon zu empfangen sind, lief jahrelang eine Windelwerbung. Darin sah man ein ruhig schlafendes, weißes Baby. Seine weiße Mutter freute sich morgens, dass ihr geliebtes Kind durchgeschlafen hatte. Am Ende des kurzen Werbespots war eine glückliche weiße Familie zu sehen. In der Werbung leben weiße Menschen dem globalen Süden ihren Wohlstand vor. Als ich mit sieben Jahren in Marokko eingeschult wurde, fragten mich die Kinder in meiner Klasse, wie es denn nun wirklich in Europa sei. »Europäische Babys haben es bestimmt gut, so wie in der Windelwerbung«, sagte einer meiner Klassenkameraden. Ich schaute mir die ärmliche Einrichtung meiner überfüllten Klasse an und wünschte mir tatsächlich irgendwie die Zeiten an meiner alten Robert-Koch-Problemgrundschule im Frankfurter Ghetto zurück.

Die Mimikry unter Arabern und Nichtweißen allgemein hat viel mit einem gestörten Selbstwertgefühl zu tun, mit den rassistischen Demütigungen, die sie aushalten mussten und auf die sie mit einem »Tritt nach unten« reagierten und reagieren. Als Nordafrikaner, so hat es uns der Kolonialherr gelehrt, sind *wir* zumindest höher angesehen als andere Afrikaner. Viele meiner Klassenkameraden haben zum Beispiel Kinder mit dunklerer Hautfarbe regelmäßig gehänselt. Auf dem Gymnasium buhlten die Jungs vor allem um jene Mädchen, die irgendwie näher am weißen Schönheitsideal dran waren. Wohl nicht zufällig benutzen in vielen Ländern des globalen Südens junge Frauen Cremes und Chemikalien aus der Drogerie, um ihre Haut aufzuhellen. »Fair and Lovely« heißt eine berühmte Marke: hell und schön. Das Produkt ist nicht nur in arabischen Ländern ein Verkaufsschlager, auch in Indien, Pakistan oder Südostasien findet die Creme reißenden Absatz. 90 Prozent aller indischen Frauen geben zum Beispiel an, Kosmetika zur dauerhaften Aufhellung ihrer Haut zu benutzen.[7] Überall in Neu-Delhi, Agra und Mumbai begegneten mir bei einer Reise Ende 2016 Werbespots, überdimensionale Plakate und blinkende Anzeigen, die Vorher-nachher-Bilder zeigten und eine Botschaft transportierten: Dunkle Haut ist hässlich, helle Haut ist schön. Die überteuerte Creme soll jede Nichtweiße in eine Weiße verwandeln, und das schon nach wenigen Anwendungen. Ob dieses Werbeversprechen überhaupt zu halten ist und der Chemikalienmix funktioniert, wage ich allerdings zu bezweifeln. Dennoch gilt helle Haut in vielen Ländern des globalen Südens als Ausdruck einer hohen sozialen Stellung. Je heller, desto besser:

Mimikry unter Nichtweißen scheint also manchmal doch mit der Tarntechnik der schwarz-gelben Schwebfliege vergleichbar. Als ich 2007 in Marokko mein Abitur ablegte, kamen Kontaktlinsen in Mode, die die Augenfarbe verändern können. Etliche meiner Schulkameradinnen liefen plötzlich mit blauen, grünen oder grauen Augen herum. Sind sie es doch, die dafür sorgen müssten, dass schöne, weiße Enkelkinder geboren werden. Das weiße und blauäugige Schönheitsideal wurde ihnen in arabischen Musikvideos, Serien und Werbespots vorgelebt. In der Windelwerbung spielten inzwischen zwar arabische Familien die Hauptrolle, die Mütter dort hatten aber trotzdem weiße Haut und grün-blaue Augen. Das ist kein Zufall: Die Sehnsucht nach einem Aufstieg gemäß der kolonialen Hautfarbenlehre wird in vielen Gesellschaften auf weibliche Körper projiziert. Sie dienen bei dieser biologistischen Mimikry als Schlüssel zu einer positiven Veränderung von Familienschicksalen. Viele potenzielle Großmütter hegen deshalb den Traum von einem perfekten, weißen Enkelkind. Dann braucht es auch keinen Chemikalienmix mehr auf der Haut für den sozialen Aufstieg.

Auch meine Mutter hat eine Zeitlang versucht, ihre Haut mit Cremes, Peelings und anderen Kosmetika aufzuhellen. Den Wunsch, das Privileg weißer Haut zu erlangen, haben Menschen wie sie internalisiert. Deswegen war es ein herber Schlag für sie, als es nach drei Jahren mit meiner Freundin vorbei war. Erst hatten die deutsche und die italienische Familie meiner damaligen Freundin Bedenken angemeldet. »Deine Eltern, Mohamed, wollen unsere Tochter bestimmt entführen«, sagte etwa meine Fast-Schwiegermutter zu mir. Und meine Freundin äußerte auf einmal die Befürchtung, ich würde sie bei einem gemeinsamen Marokko-Urlaub »verkaufen oder gegen Kamele eintauschen«. Als sich die ganze Sache nicht als Witz, sondern als ernstgemeinte Angst und imaginierte Realität herausstellte, ging unsere Beziehung in die Brüche. Meine Mutter war wieder weit von einem weißen Enkel entfernt, sie verstand aber zumindest für einen kurzen Moment, dass Rassismus Herzen zerbrechen lassen kann.

Rassismus gegen andere Nichtweiße, Mimikry oder ein weißes Enkelkind können eben doch keine Lösung gegen die eigene Diskriminierung sein, das weiß nun auch meine Mutter. Denn gemäß der kolonialen Hautfarbenlehre sind People of Colour sowieso immer die Verlierer. Rassistisch »nach unten« zu treten oder per Hautfarben-Upgrade einen Aufstieg zu versuchen mag einem als Nichtweißem vielleicht kurzfristig ein Gefühl von Überlegenheit oder sogar Privilegiertheit geben, langfristig verfestigt ein solches Verhalten aber bloß die vorhandenen rassistischen Strukturen auf dieser Welt. Und das nützt am Ende nur den sowieso schon privilegierten Menschen.

11 VON »WHITE TRASH« UND »WEISSER ÜBERLEGENHEIT«

Weit nach Mitternacht weckten mich laute Schreie aus dem Tiefschlaf. Ich hörte, wie ein Mann und eine Frau immer heftiger stritten. Polizeisirenen näherten sich. Türen wurden zugeknallt, Geschirr wurde zerbrochen, aus einem Fenster flogen Gegenstände in den Innenhof. Vier Beamte rannten die Treppe hoch bis zur Wohnung direkt über meiner, donnerten gegen die Tür und schrien: »Machen Sie auf! Hier ist die Polizei!« Der Beziehungsstreit zwischen meinem Nachbarn und seiner Lebensgefährtin endete mit einer Küchenschere in seinem Schienbein. Der Mann und die Frau wurden festgenommen und abgeführt. Nach einer Stunde war der Spuk vorbei, und es kehrte wieder Ruhe ein.

Am nächsten Morgen traf ich meine biodeutsche Nachbarin aus dem ersten Stock im Treppenhaus. Sie fragte mich, ob der Lärm am Vorabend aus meiner Wohnung gekommen sei. Als ich überrascht zurückfragte, wie sie darauf komme, zuckte sie mit den Schultern. Ich verneinte ihre Frage also freundlich und verwies auf den Nachbarn im vierten Obergeschoss. »Was? Der? Hartz-IV-Empfänger halt!«, sagte sie und schob noch schnell das Wort »Unterschicht« nach.

Szenenwechsel: Im Großraumbüro einer deutschen Redaktion saß ich eine Zeitlang an einem Schreibtisch direkt neben dem Arbeitsplatz des Polizeireporters. Der Job dieses speziellen Lokaljournalisten besteht darin, Polizeimeldungen kritisch zu lesen, sie zu prüfen und die Sicherheitsbehörden mit zusätzlichen Erkenntnissen und Nachfragen zu konfrontieren. Zu seinen Standardaufgaben zählen außerdem Routineanrufe, um bei der Polizei nach den aktuellen Ereignissen zu fragen.

Das Telefon des besagten Kollegen war so laut gestellt, dass ich ungewollt alle Gespräche mitbekam. Immer wenn der Polizeisprecher am anderen Ende der Leitung eine kriminelle Tat aus dem aktuellen Einsatzprotokoll schilderte, stellte der Polizeireporter eine Nachfrage zum Täter: »Um welchen Landsmann handelt es sich?« Lautete die Antwort des Polizeisprechers Libanese, Türke oder Senegalese, stand diese Information später meistens prominent im Zeitungsbericht oder tauchte sogar gleich in der Schlagzeile auf. Lautete die Antwort Deutscher, Franzose oder US-Amerikaner, war danach selten von der Herkunft die Rede, manchmal beschrieb der Kollege in seinem Text aber stattdessen die schwierigen sozialen Verhältnisse des Täters: Dass er ein Alkoholproblem hatte, psychisch krank war oder seinerseits einmal Opfer einer anderen Tat geworden war. An einem nachrichtenarmen Wochenende meldete die Polizei eine Schlägerei vor einer Bar. Der Hauptverdächtige sei »ein Deutschdeutscher«, informierte der Polizeisprecher am Telefon. »Schade«, antwortete der Reporter spontan und ließ diese Information wie so oft in seinem Artikel aus.

Die Logik, die hinter dieser Arbeitsweise steckt, ist augenscheinlich sehr simpel: Geflüchtete prügeln sich, weil sich Geflüchtete halt prügeln. Schwarze verkaufen Drogen, weil das Schwarze eben immer machen. Muslime verüben Attentate, weil sie Muslime sind. Der geltende Pressekodex in Deutschland erlaubt sogar die Nennung der Herkunft eines Täters – wenn sie für das Verständnis einer Meldung unabdingbar ist.[1] Die Hautfarbe eines Biodeutschen interessiert die meisten Leser, Zuhörer, Zuschauer und auch Polizeireporter in Deutschland sehr selten, sie spielt daher keine Rolle in der Berichterstattung. Dadurch entsteht der Eindruck, als wären Nichtweiße in Deutschland krimineller als Biodeutsche – was laut Zahlen des Bundeskriminalamtes nicht zutrifft.[2] Zuwanderer handeln nämlich nicht mehr und nicht weniger gesetzeswidrig als alteingesessene Deutsche.

Bei weißen Straftätern braucht es also einen zusätzlichen Erklärungsgrund, warum es überhaupt zu einer bestimmten Tat kam. Wenn Biodeutsche mitten in der Nacht ihren Partnern Küchenscheren ins Schienbein rammen, wenn sie vor Bars Schlägereien anzetteln oder allgemein Straftaten begehen, wird dann oft unterstellt, dass es sich hierbei um »Unterschichtsweiße« handele. Die Betroffenen haben dann etwa ein Alkoholproblem, sind Sozialhilfeempfänger oder schlicht bildungsfern. Diese Ausdifferenzierungen werden bei People of Colour zumeist ausgespart – dort reicht ja schon der Hinweis auf die Hautfarbe, und alles ist klar. Weiße Straftäter haben in Medienberichten dagegen fast immer eine Vorgeschichte.

Im Privatfernsehen kann man gut beobachten, wie ein sehr spezifisches Bild einer »weißen Unterschicht« konstruiert wird. Ein Beispiel ist die Sendung *Frauentausch* auf RTL2. In diesem Reality-Format tauschen zwei Familien zehn Tage lang ihre Mütter. Was im Detail passiert, ist irrelevant, denn es geht im Grunde nur darum, die Verlierer der Gesellschaft zur Schau zu stellen.[3] Manchmal nehmen auch Familien of Colour teil, am häufigsten kommen aber weiße, bildungsferne und sozial schwache Familien vor. Biodeutsche mit Leseschwäche werden dann vorgeführt, ungesunde Essgewohnheiten ausgeschlachtet, ein cholerisch schreiender Familienvater vor die Kamera gezerrt, oder das ungepflegte Aussehen einer Sozialhilfeempfängerin wird der Lächerlichkeit preisgegeben. Die Macher der Sendung stellen die teilnehmenden Familien alles in allem sehr negativ dar und inszenieren so die »weiße Unterschicht«.[4]

Ursprünglich stammen solche Reality-Shows häufig aus dem englischsprachigen Raum. Die US-Serie *Here Comes Honey Boo Boo* führte zwischen 2012 und 2014 durch das Leben der Familie Thompson aus dem Dorf McIntyre im landwirtschaftlich geprägten Bundesstaat Georgia. Sie ist auch ein gutes Beispiel dafür, wie das Konzept von »den Weißen ganz unten« aufrechterhalten und ausgebaut wird. Die jüngste Tochter der Thompsons heißt Alana, ihr Spitzname lautet »Honey Boo Boo«. Sie wurde von ihrer Mutter regelmäßig auf Schönheitswettbewerbe für sechsjährige, übertrieben geschminkte Mädchen geschickt. Mit Szenen von Honey Boo Boo in Kleidern und Posen, die für ein Kind eigentlich zu aufreizend und sexualisiert wirken, wurde die Sendung zum Kult. Unterschichtsklischees wurden auch in diesem Format bewusst bedient und überzeichnet: Fettleibigkeit, Teenie-Schwangerschaften, Armut. Tollpatschige Szenen oder ungewollte Versprecher wurden sogar mit Clown-Geräuschen untermalt und so in eine Art Slapstick-Comedy verwandelt: wenn Alanas Mutter beispielsweise die einfachsten mathematischen Aufgaben nicht lösen konnte oder Alanas ältere Schwester Kleidung anprobierte, die mehrere Konfektionsgrößen zu klein für sie war. Im Jahr 2014 wurde bekannt, dass Alanas Mutter eine Beziehung zu einem vorbestraften, weißen Pädophilen pflegte, den sie auch in die Nähe ihrer Töchter ließ. Die Sendung wurde daraufhin eingestellt.[5] Doch Honey Boo Boo und ihre Familie personifizierten da schon längst den politisch unkorrekten Begriff vom »white trash«.

Diese Wortschöpfung aus dem 19. Jahrhundert bezeichnet eine Gruppe, die zwar weiß ist, aber nicht die Merkmale aufweist, die eine Mehrheit der Weißen ausmachen: Wer zum »white trash« gehört, ist arm, hat keinen Zugang zur Bildung und neigt angeblich zu Kriminalität. Die Demokratisierung und Kommerzialisierung von Medien und Unterhaltung hat dazu geführt, dass diese Menschen verstärkt in der Öffentlichkeit sichtbar geworden sind, zum Beispiel in Fernsehformaten wie *Here comes Honey Boo Boo* oder *Frauentausch*. Die Zurschaustellung dieser Bevölkerungsgruppe als weiße Ausnahme, über die man sich lustig machen darf, fand und findet aber nicht nur in gescripteten Reality-Shows statt. Mit dem Verweis auf »white trash« kann sich die Mehrheit der Weißen von allen Dingen, die ihr nicht passen, abgrenzen. Sie macht die »white trash«-Leute auf diese Weise für alles verantwortlich, was in der weißen Community falsch läuft, und lagert sozusagen die Probleme der Mehrheitsgesellschaft aus. Praktischerweise kann sie sich mit der medialen Zelebrierung dieser Unterschicht auch vom eigenen Rassismus distanzieren – indem sie den »anderen Weißen« erfindet und dabei auf die Inszenierung von »white trash« zurückgreift. Weiße Täter werden demnach ihrer sozialen Herkunft wegen aus der Mehrheitsgesellschaft exkommuniziert. Die Mehrheit innerhalb der Mehrheit stellt sie als minderwertige Weiße dar. Anstatt sich vom rassistischen Überbau einer Gewalttat zu distanzieren, bestehen viele Weiße darauf, dass sie mit weißen Tätern nichts gemein haben.[6]

Bevor Dylann Storm Roof im Sommer 2015 ein Massaker in einer afroamerikanischen baptistischen Kirche in Charleston, South Carolina, anrichtete, betete der 22-Jährige eine Stunde lang ruhig und friedlich neben seinen Opfern. Sie sangen gemeinsam Kirchenlieder und baten Jesus Christus um Vergebung. Die Gläubigen ahnten nicht, mit wem sie ihre Sitzbänke teilten, dann waren neun von ihnen tot. Dylann Storm Roof erschoss sie kaltblütig aus nächster Nähe. Auf seinem Facebook-Profil hatte Roof zuvor mit der alten Südstaatenflagge posiert. Sie zeigt weiße Sterne auf blauen Balken und rotem Hintergrund und steht bis heute für die Rassentrennung und die Versklavung schwarzer Menschen. Roof war ein Waffennarr und machte keinen Hehl aus seiner Ideologie der »weißen Überlegenheit«, jener Überzeugung also, wonach Weiße über allen anderen Ethnien stünden. Nach dem Terroranschlag von Charleston forderten Vertreter von Minderheiten, die Südstaatenflagge als Symbol eines tief verwurzelten Rassismus im Süden der USA zu verbieten. Doch 75 Prozent der weißen Amerikaner dort sahen laut Umfragen darin lediglich »ein Symbol des Stolzes der Südstaaten« und sprachen sich gegen ein Verbot der Flagge aus.[7]

Als sich herausstellte, dass Roof nicht psychisch krank gewesen war und sich die Tat folglich nicht mit einer psychischen Störung »entschuldigen« ließ, griffen viele Weiße auf den »white trash«-Trick zurück, um sich von der Gewalt zu distanzieren, ohne den »Stolz der Südstaatenflagge« zu verraten. Nachdem ein Manifest im Internet aufgetaucht war, in dem Roof in einer ruhigen und wohlüberlegten Sprache seine Pflicht erklärte, »die weiße Rasse zu retten«[8], betonten immer mehr Weiße, dass die »Schießerei von einem Verlierer der Gesellschaft verübt wurde«. In vielen Medien wurde der »white trash«-Verweis eher unbedacht genutzt – da Weiße in den Augen vieler Weißer nun einmal nicht grundlos Gewalt anwenden. So bezeichnete auch der USA-Korrespondent der *Süddeutschen Zeitung* in seiner Analyse Roof als »white trash« und damit als Ausnahme, mit der man als weiße Mehrheit wenig zu tun hat.[9]

Ob man eine Gewalttat als tragische Schießerei oder als ideologisch motivierten Terror bezeichnet, hängt für viele Weiße also von der Hautfarbe und Herkunft des Täters ab:

Nichtweißer Täter → Verallgemeinerung → keine Suche nach Motiven

Weißer Täter → Erstaunen → Suche nach Motiven → »white trash«-Argument

Bei den einen, also den nichtweißen Tätern, reicht schon der Hinweis auf die Herkunft, die Hautfarbe oder den Glauben, um sich ein abschließendes Bild zu machen, und die meisten meinen, »Bescheid zu wissen«. Bei weißen Kriminellen braucht es dagegen immer ein Motiv, eine Geschichte, eine Tragödie, eine Hintergrundinformation oder – wenn diese Erklärungen nicht zur Verfügung stehen – das »white trash«-Argument, um eine Tat plausibel erscheinen zu lassen.

Tötet ein Mohamed einen Menschen, wurde er demnach bestimmt von seinem Glauben geleitet. Tötet Martin eine Person, fragen sich die meisten Menschen, wie es so weit kommen konnte, und suchen dann nach Antworten. Dieser doppelte Standard in der öffentlichen Wahrnehmung forciert rassistisches Gedankengut und verknüpft Hautfarbe mit der vermeintlichen Gewaltbereitschaft von Nichtweißen oder dem vermeintlichen Pazifismus von Weißen. Diese Tendenzen, die nichts anderes als einen gelernten Rassismus widerspiegeln, finden sich wie in den USA auch in Deutschland tagtäglich wieder, in den USA sind sie allerdings besser dokumentiert.

Manchmal lassen sich sogar beide Reaktionsmuster nach ein und derselben Gewalttat beobachten. So geschah es im Dezember 2015 bei einer Schießerei im kalifornischen San Bernardino. Bevor bekannt wurde, dass die beiden Täter Muslime waren und mit der Ideologie des »Islamischen Staates« sympathisierten, nannten US-Medien die Tat, bei der vierzehn Menschen getötet wurden, lediglich »eine Schießerei«. Nachdem die Herkunft der Täter bekannt geworden war, ließ die Redaktion der *New York Post* abends die Druckerwalzen stoppen, um ihre Überschrift auf der Titelseite zu ändern: Aus »Murder Mission« wurde »Muslim Killers«.[10] Das ist deswegen problematisch, weil somit Terror je nach Ideologie und Hautfarbe der Täter gewichtet wird – was suggeriert, dass beispielsweise der islamistische Terror schlimmer sei als der rechte Terror.

Straftaten sollten aber immer im Kontext der jeweiligen Tathergänge und Täter betrachtet werden. Das bedeutet explizit, dass auch die sozialen Gegebenheiten aus dem Leben der Akteure für die Erklärung herangezogen werden sollten – egal, wer die Tat begangen hat. Indem man weiße Täter aber oft reflexhaft als »white trash« bezeichnet, wird das Problem der rassistisch motivierten Gewalt letztlich verharmlost. Als Anfang 2015 in North Carolina drei muslimische Studierende von einem weißen Nachbarn erschossen wurden, nannte der konservative Fernsehsender *Fox News* die Tat lapidar einen »Streit«.[11] Auch mehrere deutsche Medien folgten der Einschätzung, dass es sich dabei bloß um einen Streit wegen eines Parkplatzes gehandelt habe und nicht um eine rassistische Tat.[12] Selbst als bekannt wurde, dass der Täter vorher mehrfach seine Aversion gegen Religionen im Allgemeinen und speziell gegen Muslime geäußert hatte, weigerten sich viele Medien, die Tat »hochzustufen«. Ich selbst schrieb über diesen Vorfall einen Artikel, der das Wort »Terror« beinhaltete, und erklärte, dass die Erschießung von drei unschuldigen Menschen kein einfacher Streit gewesen sein könne.[13] Einige Kollegen und Leser empörten sich über diese Einschätzung und behaupteten, der Fall lasse keine Diskussion über Rassismus zu, der Täter sei ein frustrierter Choleriker mit sozialen Problemen gewesen, nicht mehr und nicht weniger.

Auch in Deutschland wird also nach rassistisch motivierten Straftaten regelmäßig das »white trash«-Argument bemüht. Beate Zschäpe, Uwe Böhnhardt und Uwe Mundlos ermordeten als »Nationalsozialistischer Untergrund« zwischen 1999 und 2011 mindestens zehn unschuldige Menschen. Seitdem der NSU aufflog, sind unzählige Texte, Kommentare und Filme über die rechte Terrorgruppe veröffentlicht worden. Oft werden Zschäpe, Böhnhardt und Mundlos darin als »gescheiterte Ostdeutsche« dargestellt[14], als Trio, das sich selbst radikalisiert und mehr oder weniger auf eigene Faust und ohne Unterstützung gehandelt habe. Der NSU ist nach dieser Sicht die dunkle Kehrseite der deutschen Einheit, die nicht für alle ehemaligen DDR-Bürger Wohlstand und damit die Zivilisation brachte. Dabei konnte das Netzwerk mit großer Wahrscheinlichkeit nur deswegen so lange unerkannt agieren, weil mehrere andere Weiße bewusst oder unbewusst »mitgemacht« haben.

Jeder Journalist, der im Zusammenhang mit den Taten des NSU unkritisch von »Dönermorden« schrieb, jeder Verfassungsschutzbeamte, der Akten schredderte und Beweise vernichtete, jeder Politiker, der wegschaute und nicht ermitteln ließ, trug seinen Teil dazu bei, dass zehn unschuldige Menschen starben und ihre Angehörigen danach als Täter verdächtigt wurden. Enver Şimşek, Abdurrahim Özüdoğru, Süleyman Taşköprü, Habil Kılıç, Mehmet Turgut, Ismail Yaşar, Theodoros Boulgarides, Mehmet Kubaşık, Halit Yozgat und Michèle Kiesewetter starben nicht nur durch die Kugeln der mittlerweile berühmten Česká 83, die der NSU über Jahre als Tatwaffe nutzte, sie wurden auch Opfer der kollektiven Verweigerung der Sicherheitsbehörden, der zuständigen Politiker, vieler Medienschaffender und eines großen Teils der Mehrheitsgesellschaft in Ost- und Westdeutschland, das klare rassistische Motiv der Mordserie zu erkennen.

Die Andersmachung von Muslimen, Türken und Nichtweißen allgemein besagt, dass diese Anderen qua Herkunft gewalttätig sein müssen. Insofern gingen viele biodeutsche Entscheidungsträger fest davon aus, dass sich die Opfer des NSU im Rahmen von Ehrenmorden, Mafiakriegen oder Familienfehden gegenseitig getötet hätten. Die bayerische »Soko Bosporus« ermittelte über Jahre im »migrantischen Milieu«, weil allein dort die Täter für die »Ermordung ausländischer Männer« vermutet wurden. Politiker mehrerer Parteien machten Stimmung gegen Migranten, weil diese angeblich häufiger kriminell seien. Journalisten recherchierten in erster Linie in den Einwanderervierteln großer deutscher Städte, um mehr über diese »Parallelgesellschaften« herauszufinden.[15] Auch wegen dieser weißen Betriebsblindheit konnte das rechtsradikale Netzwerk ungestört Terror verbreiten. Als der NSU aufflog, bemühten sich die (bio-)deutschen Verfassungsschutzbehörden in verschiedenen Bundesländern und im Bund darum, die eigenen Versäumnisse bei der Aufklärung der Taten zu vertuschen.[16] Heute, da die NSU-Faktenlage weitgehend bekannt ist, nutzen noch viele Weiße das »white trash«-Argument, um sich von der Gewalt zu distanzieren – ohne dabei über den rassistischen Überbau des NSU reden zu müssen.

Viele Deutsche schimpfen im Zusammenhang mit der rechten Szene vor allem auf den Osten Deutschlands. Dort würden die Menschen hinter dem Mond leben, heißt es oft. Vor allem Sachsen wird häufig als »braunes Nest« oder als »Hochburg der Nazis« bezeichnet. Und tatsächlich befindet sich in Dresden die Heimat von Pegida, in Sachsen brennen regelmäßig Flüchtlingsunterkünfte, und die sächsischen Volksparteien – also nicht nur die AfD – machen offen Stimmung mit fremdenfeindlicher Rhetorik, obwohl die Zahl der Nichtweißen dort verschwindend gering ist. Allerdings wäre es zu einfach, wenn man den deutschen Rassismus allein auf die Sachsen schieben würde – oder auf die Thüringer, die Anhaltiner oder die Brandenburger.

Auch in Berlin, Bremen oder Baden-Württemberg gibt es »besorgte« Bürger und brennende Notunterkünfte für Geflüchtete. Die rechtsradikale Szene ist in Dortmund besonders stark, der Rechtspopulist Ronald Schill konnte schon vor Jahren in Hamburg politisch Karriere machen, und in Bayern regiert die CSU mit einer immer härteren Politik der Ausgrenzung von Minderheiten. Die pauschale Stigmatisierung Sachsens oder Ostdeutschlands wäre demnach sozusagen ein »white trash«-Projekt der übrigen Mehrheitsgesellschaft. So wird das Problem mit der Fremdenfeindlichkeit allerdings nicht nur ausgelagert, man liefert zugleich Demagogen und Verschwörungstheoretikern nur weitere Argumente dafür, sich im Osten abzuschotten. Die Realität ist jedenfalls viel komplexer, als dass man auf einer Landkarte genau abstecken könnte, wo Rassismus anfängt und wo er aufhört.

Noch ein anderer, ebenfalls komplexer Fall zeigt, wie absurd es ist, nicht nach Motiven, sondern bloß nach der Herkunft oder dem Wohnort von Straftätern, Amokläufern oder Terroristen zu fragen: Ali David S. erschoss am 22. Juli 2016 acht Menschen im Olympia-Einkaufszentrum in München, bevor er sich selbst tötete. Warum wurde der 18-Jährige zum Mörder?

Informationen aus seinem Umfeld[17] ergaben, dass S. glühender Anhänger der »Alternative für Deutschland« gewesen sein soll. Er bewunderte die fremdenfeindliche Rhetorik der AfD-Politiker Frauke Petry, Björn Höcke und Beatrix von Storch. S. stellte sich gegen die breite Akzeptanz von Geflüchteten in seiner Heimatstadt München. Er verbrachte Stunden mit Killer-Spielen im Internet und studierte die Abläufe der Attentate von Columbine und Winnenden. Außerdem bezeichnete S. den norwegischen Terroristen Anders B. Breivik mehrfach als Vorbild. Breivik ist bekennender Rassist und ermordete im Jahr 2011 in Oslo und auf der Insel Utøya 77 unschuldige Menschen. Den Amoklauf in München führte S. am fünften Jahrestag nach Breiviks Tat aus. Ali David S. versuchte bei seinem Amoklauf so viele Nichtweiße wie nur möglich umzubringen, alle seine neun Opfer waren erkennbar People of Colour.

S. hatte selbst einen iranisch-deutschen Familienhintergrund und soll sich als »weißer Arier« definiert haben. Der Ausdruck »Arier« bezeichnete ursprünglich im Altpersischen alle Menschen, die indoiranische Sprachen vor allem in Persien als Muttersprachen beherrschten.[18] Ab dem 19. Jahrhundert tauchte das Wort in mehreren europäischen Ländern auf. Es wurde so adaptiert, dass es nun als Bezeichnung für die »Herrenrasse« genutzt wurde. Vor allem in der deutschen Sprache verließ »Arier« die Sphäre ideologischer Pamphlete und ging in den alltäglichen Sprachgebrauch über. Später, unter dem Einfluss der nationalsozialistischen Ideologie, beanspruchten viele Deutsche das Wort für sich, um sich als »weiße Übermenschen« darzustellen. S. sah sich also wegen seiner iranischen Wurzeln und seiner deutschen Identität in doppelter Hinsicht als Vertreter der »weißen Überlegenheit« und leitete daraus offenbar seinen »Hass auf Türken und Araber« ab – und das Recht auf seine Mission, sie zu töten. Dennoch wird S. im Internet häufig als »iranischer Killer«, als »Dschihadist«, als »Moslem, der *uns* killen wollte« bezeichnet. Woher kommen eine derartige Desinformation und eine solche Verzerrung der Wirklichkeit?

Am Abend des Amoklaufs berichteten viele Medien live aus München. Weil es zunächst fast keine gesicherten Informationen zum Tatmotiv oder zum Tathergang gab, wurde auf allen Kanälen mehr spekuliert als informiert.[19] Dabei wurde auch oft gemunkelt, dass die Tat einen islamistischen Hintergrund haben könnte. Als sich am Tag darauf die Information verbreitete, dass S. auch iranische Wurzeln besaß, war das für viele Deutsche Beweis genug, dass es sich um einen islamistischen Anschlag handeln müsse. Ich recherchierte noch in der Nacht des Attentats in den sozialen Medien, wie sich die User in Deutschland über die Ereignisse austauschten. Sehr viele Menschen betonten die Herkunft des Attentäters, obwohl diese Information zu diesem Zeitpunkt mehr Gerücht als Fakt war. Wenige Sekunden nach jeder größeren Gewalttat auf dieser Erde werden soziale Medien mit Bildcollagen und Nachrichten überflutet. Darin ist dann zu lesen, dass der Islam eine Terrorreligion sei oder nun bestimmt alle rufen werden, dass dies nichts mit Einwanderung zu tun habe. Christian Lüth,

Pressesprecher der AfD, sprang auf diesen Zug auf und rief im Zusammenhang mit dem Münchener Amoklauf per Twitter auf, seine Partei zu wählen: der Gipfel der Absurdität. Mit dieser Fortsetzung und weiteren Instrumentalisierung der Einwanderungsdebatte schien für viele Menschen aber schon klar zu sein, warum dieser Amoklauf überhaupt passierte. Sie ignorierten die Fakten, folgten blind dem Populisten Lüth und schoben die Schuld auf den Migrationshintergrund des Amokläufers.

Dabei muss man hier näher hinschauen. Die Tat von Ali David S. könnte man auch als rassistisch motivierten Terror lesen, der durch die rassistischen Strukturen in der Gesellschaft selbst befördert wurde. S. war nämlich seinerseits Opfer von Rassismus und Mobbing. Er wurde von seinen Mitschülern unter anderem wegen seiner iranischen Herkunft gehänselt und hatte deswegen psychische Probleme. Ein Aufenthalt in der Psychiatrie half nicht, er litt weiter an Depressionen und an einer sozialen Phobie. Immer wieder betonte er in Chats und in seinem Umfeld seine »deutsche Identität«, um nur ja nicht als einer der Anderen wahrgenommen zu werden. Am Ende sah er in seiner Gewalttat anscheinend einen Ausweg aus dieser Situation. S. hatte schon als Jugendlicher seinen Vornamen von Ali in David geändert, um von der Gesellschaft akzeptiert und nicht als anders identifiziert zu werden.[20] Es half ihm nicht.

Sogar noch am Abend des Attentats, kurz vor seinem Selbstmord, wurde S. rassistisch beschimpft und provoziert. Nachdem die erste Eilmeldung zum Amoklauf verschickt wurde, machte ein Amateurvideo in deutschen Medien die Runde.[21] Die Protagonisten der wackeligen Handy-Aufnahme waren der Amokläufer, der sich nach seiner Tat auf das Parkdeck des Einkaufszentrums begeben hatte, und ein Biodeutscher, der von seinem Balkon aus S. anbrüllte. Dem Anwohner war bewusst, dass er da einen bewaffneten Menschen anschrie. In einem Interview sagte der Mann später aus, dass er spontan gehandelt und Ali David S., ohne nachzudenken, verbal angegriffen habe.[22] Dafür bekam er später von anderen Biodeutschen »Fanpost« zugeschickt, in der er für seine Reaktion gelobt wurde. Dabei ist auf dem Video zu sehen, wie schnell damals die Situation eskalierte. Der Biodeutsche versuchte nämlich, S. mit einer leeren Bierflasche zu treffen. »Ich bin Deutscher! Ich bin Deutscher!«, rief S. Richtung Balkon. Woraufhin der Biodeutsche antwortete: »Du bist ein Wichser, ein Kanake bist du!«[23]

Nach der Tat betrachteten viele die Sache rasch als erledigt, weil Ali David S. nichtweiß war und ihnen dies als Erklärung zu genügen schien. Es folgte keine Debatte über junge, radikalisierte Menschen, die an die »weiße Überlegenheit« und die Kategorie »Arier« glauben, die eine Gefahr für die Allgemeinheit und speziell für People of Colour darstellen. Niemand verwies darauf, dass es in Deutschland pro Jahr fast hundertmal so viele rechtsextreme Gewalttaten gibt wie islamistische Vorfälle, die man alle einzeln, gründlich und unvoreingenommen betrachten muss.[24] Den Fall Ali David S. legten viele in der Migrationsschublade ab. Niemand bemühte deswegen das »white trash«-Argument, um sich diese Gewalt zu erklären. Überhaupt folgten nach dem Amoklauf wenig Überlegungen, wie sich solche Vorfälle in Zukunft verhindern ließen, wie junge Menschen of Colour geschützt werden könnten – vor dem Wahn »weißer Überlegenheit«, vor der Radikalisierung und vor sich selbst.

12 DER ULTIMATIVE SELBSTTEST: WIE WEISS SIND SIE?

Wenn Sie bis hierher gelesen haben, danke ich Ihnen sehr für Ihre Geduld, Ihre Neugierde und dass Sie sich mit einem schwierigen Thema auseinandergesetzt haben, das mir besonders am Herzen liegt. Wenn Sie weiß sind, können Sie außerdem echt viel Kritik wegstecken. Respekt! Es fiel mir als Teil einer Minderheit wirklich nicht leicht, die weiße Mehrheit in Deutschland und Europa zu beschreiben und zu kritisieren, darzustellen, warum sich so einiges in unseren europäischen Gesellschaften unbedingt und bald verändern sollte. Ich habe dieses Buch aber dennoch geschrieben, weil ich daran glaube, dass wir alle mehr über Privilegien, über rassistische Sprache, Tokenismus, den White Saviour Complex, postkoloniale Seelenknoten, strukturelle Diskriminierungen und vieles mehr sprechen müssen – damit die vielbeschworene Integration aller Menschen in die nicht mehr ganz so neuen Einwanderungsgesellschaften auch klappt. Letzten Endes lassen sich die in diesem Buch geschilderten Probleme nur dann angehen oder gar lösen, wenn jeder von uns über den Rassismus im eigenen Alltag, die eigenen Gewohnheiten und Einflusssphären zumindest nachdenkt.

Am Anfang des Buches habe ich von dem »Privilegien-Spiel« mit seinen Fragen zur eigenen Stellung in der Gesellschaft und den Schritten nach vorne oder zurück erzählt. Das ist nicht nur eine Möglichkeit, sich zu bewegen und seine Mitmenschen besser kennenzulernen, es geht dabei vor allem darum, seine eigene Position in der Gesellschaft zu entdecken. Es geht darum zu erfahren, ob man sich die Karriere hart erarbeiten musste oder doch ein Großteil des eigenen Erfolgs mit der Hautfarbe und dem Sparkonto der Eltern geerbt hat. Auf diesen letzten Seiten möchte ich Ihnen nur noch eine Kleinigkeit zumuten: einen Fragebogen. Und genau wie bei lästigen Kettenbriefen müssen Sie sich nun jemanden aus Ihrer Familie, Ihrem Freundeskreis oder einen Kollegen suchen, um sich gegenseitig folgende Fragen zu stellen und über die Antwortmöglichkeiten zu diskutieren, vielleicht sogar zu streiten und den Fragebogen weiterzureichen. Achtung, fertig, los!

1. Was denken Sie spontan, wenn Sie das Wort »Ausländer« hören?

A. Gegen die habe ich nichts. Aber …
B. Die müssen sich mit unseren christlich-jüdischen Werten endlich abfinden. Das wird man doch mal sagen dürfen.
C. … raus!
D. Das Wort ist so was von Neunziger!

2. Sie begegnen einem afrodeutschen Menschen zum ersten Mal. Sie möchten ein Gespräch über die Frisur dieser Person eröffnen. Wie machen Sie das?

A. Ich streichle der Person sanft über die Haare und mache einen positiven Kommentar.
B. Ich erzähle vom schwarzen Mädchen im Kindergarten meines Kindes und dass sich in ihren Haaren immer Dinge verheddern.
C. Ich frage frech nach, wie es schwarze Menschen hinbekommen, dass ihre Haare geschmeidig und weich werden.
D. Ich rede doch lieber über das Wetter.

3. Bringen Sie folgende Minderheiten bzw. diskriminierte Gruppen in eine Reihenfolge. Beginnen Sie mit »Kann ich noch akzeptieren« bis »Geht gar nicht«: Schwule und Lesben, Ausländer, Menschen mit Behinderung, Flüchtlinge, Migranten, Muslime, Transsexuelle, Juden, schwarze Menschen, Türken, Frauen, Senioren, Araber, Hartz-IV-Empfänger, Obdachlose.

A. Senioren, Frauen, Menschen mit Behinderung, Obdachlose, Hartz-IV-Empfänger, Schwule und Lesben, Transsexuelle, Juden, schwarze Menschen, Ausländer, Migranten, Türken, Araber, Muslime.

B. Senioren, Frauen, Schwule und Lesben, Menschen mit Behinderung (*ich habe jeweils welche in meiner Familie/meinem Freundeskreis, die sind ganz okay*), Obdachlose, Hartz-IV-Empfänger (*solange diese aktiv versuchen, aus ihrer Situation etwas zu machen*), Juden (*Nie wieder Judenhass!*), Flüchtlinge (*am liebsten Christen*).

C. Ich möchte doch nur eine Obergrenze für Flüchtlinge.

D. Kann es sein, dass diese Aufgabenstellung etwas menschenverachtend ist?

4. Wie stehen Sie zum Thema »Deutschenfeindlichkeit«?

A. Davon habe ich schon mal gehört, dann habe ich mich nicht mehr nach Berlin-Neukölln oder Duisburg-Marxloh getraut.

B. Wir müssen endlich etwas gegen die Diskriminierung von Deutschen tun!

C. Hier in Dresden ist es besonders schlimm mit der Diskriminierung.

D. Ich gebe zu: Ich LIEBE Kartoffeln.

5. Was ging Ihnen durch den Kopf, als Sie zum ersten Mal vom »Nationalsozialistischen Untergrund« gehört haben?

A. Sie meinen die Dönermorde?

B. Der NSU ist eine Verschwörung der Illuminati.

C. Ich habe Beate noch gesagt, dass sie vorsichtig sein soll.

D. Hoffentlich ist er bald nicht wieder da!

6. Wie nennen Sie die baiserartige Süßigkeit, die meistens mit einem Schokoladenüberzug serviert wird?

A. »Mohrenkopf!«

B. »Negerkuss!«

C. »Mohrenkuss!«, haha!

D. Ich war neulich total schockiert, als ich vegane Schaumküsse beim Discounter entdeckt habe. Geht ja mal gar nicht!

7. Wie kann man in Deutschland die Integration von Einwanderern fördern?

A. Indem man sie dazu zwingt, schon nach dem ersten Jahr perfekt Deutsch zu sprechen.

B. Indem man ihnen die Sozialleistungen kürzt.

C. Ich unterstütze die Antworten A und B und fordere auch hier eine Obergrenze für Flüchtlinge.

D. Mit Lederhosen, Weizenbier und Blutwurst natürlich.

8. Sie warten auf die S-Bahn. Von einem Plakat hinter den Gleisen schaut Sie ein mageres schwarzes Kind an. Es bittet um »eine Spende für Afrika«. Wie reagieren Sie?

A. Ich schicke eine SMS mit »Hunger« an die Nummer auf dem Plakat.

B. Mir fällt ein, dass ich dringend meinen Steuerberater anrufen muss.

C. Afrikaner sollten weniger Sex haben.

D. Meine Güte, jedes Jahr fängt die Adventszeit früher an. Nun kann man schon im August Spekulatius kaufen und Afrika retten.

9. Was ist ein Flüchtling?

A. Ein Kostenfaktor.

B. Jemand, der vor etwas flüchtet oder geflüchtet ist.

C. Ein potenzieller Terrorist.

D. Deine Mudda ist ein Flüchtling. Echt jetzt, könnte ja durchaus sein.

10. Wie stehen Sie dazu, dass nur eine kleine Anzahl von Bürgern auf der Erde frei reisen darf?

A. Ja, ja, bei meinem Afrika-Urlaub habe ich das neulich dem Zimmermädchen im Hotel erklärt.

B. Wir sind nicht das Sozialamt der Welt.

C. Wenn die nicht mehr zu uns kommen, bin ich bereit, auch nicht mehr zu denen zu fahren.

D. Ich habe schon meine zweite Scheinehe hinter mich gebracht, nun sind zwei Menschen etwas privilegierter als vorher.

11. Wie stehen Sie zu der Aussage »Der Islam ist eine homophobe Religion«?

A. Ich habe neulich eine Reportage im Fernsehen gesehen, die das bewiesen hat.

B. Ich bin selbst schwul und finde es schon erschreckend, dass unsere jahrhundertealten Werte der Toleranz gefährdet sind.

C. Lieber ein Stadion voller Schwule als ein Moslem als Nachbar.

D. Den Islam für die grassierende Homophobie verantwortlich zu machen ist genauso, wie wenn sich stopfleberessende Franzosen über das Tierwohl beim jüdischen und muslimischen Schächten Sorgen machen.

12. Sie sind ein weißer Deutscher oder eine weiße Deutsche. Wie würden Sie sich in nur drei Wörtern definieren?

A. Pünktlich. Zuverlässig. Fleißig.

B. Zuverlässig. Fleißig. Pünktlich.

C. Heil Hitler!

D. Später, muss Aldi.

Gratulation, Sie haben bestanden! Denn Sie haben bestimmt nur bei der letzten Frage kurz gezögert, ansonsten aber regelmäßig Ihr Kreuz für D gemacht und über »C«, »B« und »A« den Kopf geschüttelt. Und zwar entweder weil Ihr Herz und Hirn gar nichts anderes zugelassen haben oder weil Sie Sorge hatten, es gibt Ärger, wenn Sie ehrlich antworten. Sie wissen schon, politische Korrektheit und so. Natürlich hoffe ich optimistisch auf Ihr Gutmenschentum. Falls Sie weder ein besorgter Bürger sind noch Horst Seehofer oder Frauke Petry heißen bzw. in irgendwelchen Untergründen operieren, würde es mich jedenfalls aufrichtig freuen, wenn Sie sich als Mensch der Kategorie »D« identifizieren.

Dann wäre Ihnen bewusst, dass es Menschen mit nichtweißer Hautfarbe in Deutschland, in Europa und global aufgrund historisch gewachsener Ungerechtigkeiten schwerer im Leben haben, ohne gleich als Opfer bezeichnet werden zu müssen. Eine Erkenntnis, die weder Sie noch mich ganz von Rassismus befreit, denn jeder Mensch hegt Vorurteile über »die Anderen«. Doch das brauche ich Ihnen natürlich nicht zu erzählen, weil Sie das eh wissen.

Nun aber kommt's: Genau dieses Wissen macht Sie zu einem Teil der Lösung. Ja, Sie haben richtig gelesen! Nur mit Ihnen als reflektierter, engagierter und denkender weißer Person können wir gemeinsam *unsere* Gesellschaft ein bisschen gerechter, friedlicher und angenehmer gestalten. Ich rede dann mit meinen Brüdern und Schwestern. Ich schwöre: Wir lassen uns dann nicht zweimal bitten, *inschallah*.

Und wenn vieles in diesem Buch Sie bedrückt hat, kann ich Ihnen dazu nur sagen: Kenn ich, aber vielleicht ist es besser, bedrückt zu sein als stumpfsinnig. Ihre (selbst)kritische Sicht auf die Wirklichkeit und die eigenen Privilegien wird heute jedenfalls dringender gebraucht denn je.

Denn man muss es so klar sagen: Rassismus tötet. Er fängt im Alltag in kleinen Szenen an, mit rassistischen Witzen, diskriminierenden Gesten oder superweißen Entscheidungsträgern. Und er kann in »weißer Überlegenheit« und NSU-Banden kulminieren. Oder, und hier wird's besonders vertrackt, in einer Steilvorlage für Extremisten und ihre terroristische Propaganda, die damit scheinbar plausibel junge Nichtweiße verführen wollen – indem sie Angst vor und Hass gegenüber

Weißen schüren, wie weiße Rassisten das unter umgekehrten Vorzeichen tun. Lassen Sie uns also gemeinsam etwas gegen die Mikroaggressionen im Alltag und den »großen Rassismus« unter uns tun. *Wir* können damit Leben retten.

DANK

Armin Langer, der Jude in Neukölln ist.

Meinen Eltern, die das Wort Gastarbeiter (zu) ernst genommen haben.

Ludger Ikas, Karsten Kredel (beide Hanser Berlin) und Daniel Graf (Agentur Graf & Graf) für ihr Vertrauen und unzählige Arbeitsstunden an diesem Buch.

Der Redaktion des *ZEITmagazins* für die Unterstützung und den Traumjob.

Ahmed Awadalla, Dina Wahba, Michael Heinke und Martin Zillinger, die mehr als nur praktische Kummerkästen sind.

Der Kombo von »Hate Poetry«, aber nur weil es sich in unserer Kultur gehört, die Familie zu preisen.

Den Menschen, die freiwillig oder unfreiwillig in diesem Buch erwähnt werden.

Den Menschen, die eh wissen, dass ich ihnen dankbar bin.

Allen Privilegierten, die sich mit dem Thema Antirassismus konstruktiv auseinandersetzen.

ANMERKUNGEN

1 Worum es (mir) geht

1 Siehe http://www.scientificamerican.com/article/evolution-of-prejudice/ (zuletzt aufgerufen am 22.4.2016). Alle Namen, wenn nicht anders angegeben, wurden aus persönlichkeitsrechtlichen Gründen geändert.
2 Siehe http://www.motherjones.com/environment/2014/05/inquiring-minds-david-amodio-your-brain-on-racism (zuletzt aufgerufen am 22.4.2016).
3 Siehe http://www.sueddeutsche.de/wissen/vorurteilsforschung-klickt-da-ein-rassist-1.2210911-2 (zuletzt aufgerufen am 22.4.2016).
4 Siehe Gordon W. Allport: *The Nature of Prejudice*, 25th Anniversary Edition, New York 1979, S. 107 ff.
5 Voltaire, »Traité de Métaphysique«. Zitiert in »Le Choc du mois«, Nr. 25, S. 31.
6 Vgl. Peggy McIntosh: *White Privilege: Unpacking the Invisible Knapsack*, 1988.
7 Siehe https://www.destatis.de/DE/ZahlenFakten/GesellschaftStaat/Bevoelkerung/MigrationIntegration/Migrationshintergrund/Migrationshintergrund.html (zuletzt aufgerufen am 7.10.2016).
8 Siehe http://www.fes-gegen-rechtsextremismus.de/pdf_12/mitte-im-umbruch_www.pdf (zuletzt aufgerufen am 2.2.2016).
9 Im Jahr 2016 wurde die Studie von der Heinrich-Böll-Stiftung, der Otto-Brenner-Stiftung und der Rosa-Luxemburg-Stiftung gefördert und von der Universität Leipzig durchgeführt. Vgl. https://www.tagesschau.de/inland/mitte-101~_origin-706cb20e-cce6-46c3-868c-83b53daf328c.pdf (zuletzt aufgerufen am 18.6.2016).

2 Die Erfindung des Anderen

1 Vgl. http://www.welt.de/debatte/kommentare/article157011000/Ihre-Untermenschen-sind-die-Frauen.html (zuletzt aufgerufen am 7.8.2016).
2 Siehe http://www.spiegel.de/spiegel/print/d-41955159.html (zuletzt aufgerufen am 14.5.2016).

3 Ausgesprochen rassistisch

1 Vgl. *Anti-Bias Study Guide*, Anti-Defamation League, 1998.
2 Siehe https://goo.gl/9Qdiq2 (zuletzt aufgerufen am 5.5.2016).
3 Vgl. auch folgendes Diskussionsforum zum Thema: http://board.gulli.com/thread/367134-deutsche-beleidigen/ (zuletzt aufgerufen am 14.5.2016).
4 Vgl. z. B. http://www.testspiel.de/schmaehkritik-ein-gedicht-von-jan-boehmermann-fuer-erdoan/313593/ (zuletzt aufgerufen am 5.5.2016).
5 Siehe https://www.youtube.com/watch?v=R2e2yHjc_mc (zuletzt aufgerufen am 5.5.2016).
6 Siehe http://www.spiegel.de/politik/ausland/tuerkei-bestellt-deutschen-botschafter-wegen-ndr-beitrag-ein-a-1084367.html (zuletzt aufgerufen am 5.5.2016).
7 Siehe https://www.youtube.com/watch?v=osOSSodXOMA (zuletzt aufgerufen am 7. 12. 2015).
8 Siehe http://www.zeit.de/2013/04/Kinderbuch-Sprache-Politisch-Korrekt/komplettansicht (zuletzt aufgerufen am 19.3.2016).
9 Siehe http://www.onkelheinz.de/negerkuss.htm (zuletzt aufgerufen am 7.12.2015).
10 Siehe http://www.chefkoch.de/forum/2,22,67044/Mohrenkoepfe-schaumkuesse-einfrieren.html (zuletzt aufgerufen am 7.12.2015).
11 Siehe http://www.stupidedia.org/stupi/Negerkuss (zuletzt aufgerufen am 7.12.2015).
12 Siehe http://www.esskultur.net/lm/negerkuss.html (zuletzt aufgerufen am 7.12.2015).
13 Siehe https://www.youtube.com/watch?v=N-p8dOqf3P4 (zuletzt aufgerufen am 19.3.2016).
14 Siehe http://www.metrolyrics.com/lookin-ass-nigga-lyrics-nicki-minaj.html (zuletzt aufgerufen am 2.7.2016).

15 Siehe http://www.dhm.de/archiv/ausstellungen/namibia/stadtspaziergang/pdf/4_mohrenstrasse.pdf (zuletzt aufgerufen am 10.2.2016).
16 Siehe http://www.berliner-zeitung.de/panorama/aktion-gegen-rassismus-initiative-fordert-umbenennung-der-mohrenstrasse-in-berlin,10808334,31536096.html (zuletzt aufgerufen am 10.2.2016).
17 Siehe z. B. http://www.taz.de/!5047835/ (zuletzt aufgerufen am 7.12.2015).
18 Siehe z. B. http://www.tagesspiegel.de/berlin/trauer-in-berlin-schoeneberg-besuch-in-der-david-bowie-strasse-155/12833498.html (zuletzt aufgerufen am 15.3.2016).
19 Siehe http://www.berliner-zeitung.de/politik/meinung/umbenennung-der-mohrenstrasse-kein-respekt-gegenueber-der-geschichte-berlins-24646312 (zuletzt aufgerufen am 2.9.2016).
20 Siehe http://www.berliner-zeitung.de/panorama/aktion-gegen-rassismus-initiative-fordert-umbenennung-der-mohrenstrasse-in-berlin,10808334,31536096.html (zuletzt aufgerufen am 7.12.2015).
21 Siehe http://gradakilomba.com/interviews/unerzahlte-teile-der-geschichte/ (zuletzt aufgerufen am 7.12.2015).

4 Aber Roberto Blanco hat gesagt …

1 Siehe http://www.clutchmagonline.com/2013/04/dealing-with-tokenism-in-black-america/ (zuletzt aufgerufen am 1.9.2015).
2 Siehe http://www.zeit.de/gesellschaft/zeitgeschehen/2015-09/rassismus-herrmann-blanco-neger (zuletzt aufgerufen am 8.12.2015).
3 Siehe http://www.taz.de/1/archiv/?dig=2006/01/16/a0128 (zuletzt aufgerufen am 10.12.2015).
4 Siehe http://www.taz.de/!5166212/ (zuletzt aufgerufen am 30.4.2016).
5 Siehe http://www.welt.de/politik/article152184546/Merkel-muss-darueber-nachdenken-was-sie-uns-zumutet.html (zuletzt aufgerufen am 4.4.2016).
6 Siehe http://www.taz.de/!5053998/ (zuletzt aufgerufen am 4.4.2016).
7 Siehe http://www.welt.de/politik/ausland/article146903739/Mohammed-war-ein-Massenmoerder-und-ein-kranker-Tyrann.html (zuletzt aufgerufen am 10.12.2015).
8 Siehe http://journalistenwatch.com/cms/kuebra-das-kopftuechchen/ (zuletzt aufgerufen am 11.12.2015).

9 Siehe https://www.youtube.com/watch?v=6TZcK9ZGFYU (zuletzt aufgerufen am 4.4.2016).

5 Auch die Passfarbe zählt

1 Siehe http://www.gesetze-im-internet.de/rustag/BJNR005830913.html (zuletzt aufgerufen am 19.11.2015).
2 Siehe http://www.bmi.bund.de/SharedDocs/FAQs/DE/Themen/Migration/Staatsang/verlust_der_deutschen_staatsangehoerigkeit_29_stag.html (zuletzt aufgerufen am 10.4.2016).
3 Siehe https://www.gesetze-im-internet.de/rustag/_3.html (zuletzt aufgerufen am 19.4.2016).
4 Vgl. etwa Kamal Sadiq: *Paper Citizens. How Illegal Immigrants Acquire Citizenship in Developing Countries*, New York 2009, S. 108 ff.
5 Siehe z.B. auch: http://visaindex.com (zuletzt aufgerufen am 10.4.2016).
6 Siehe http://qz.com/626927/its-good-to-be-german-the-worlds-most-powerful-passports/ (zuletzt aufgerufen am 10.4.2016).

6 Hilfe! Weiße wollen mein Leben retten!

1 Siehe http://www.progressive.org/mp/dant0010510.html (zuletzt aufgerufen am 12.4.2016).
2 Siehe https://en.wikipedia.org/wiki/White_savior_narrative_in_film oder http://feministfilm.tumblr.com/post/6608112156/a-brief-list-and-analysis-of-white-savior-films (zuletzt aufgerufen am 13.4.2016).
3 Siehe http://www.bbc.com/news/world-africa-36132482 (zuletzt aufgerufen am 17.9.2016).

7 Wer regiert die Welt?

1 Zum Migrantenanteil an der Gesamtbevölkerung vgl. https://www.destatis.de/DE/ZahlenFakten/GesellschaftStaat/Bevoelkerung/MigrationIntegration/MigrationIntegration.html;jsessionid=C62B3A8346AEADCF3F4C63C8AD576F34.cae4 (zuletzt aufgerufen

am 26.9.2016). Zum Frauenanteil an der Gesamtbevölkerung vgl. http://www.rp-online.de/panorama/deutschland/in-deutschland-leben-mehr-frauen-als-maenner-aid-1.1998682 (zuletzt aufgerufen am 26.9.2016). Zu Migranten in Parlamenten vgl. https://mediendienst-integration.de/artikel/mehr-abgeordnete-mit-migrationshintergrund.html (zuletzt aufgerufen am 25.9.2016). Vgl. http://www.motherjones.com/media/2014/05/google-diversity-labor-gender-race-gap-workers-silicon-valley (zuletzt aufgerufen am 18.6.2016). Zur Liste der Unternehmer in Deutschland vgl. http://www.businessinsider.de/forbes-ranking-die-reichsten-deutschen-2016-3?op=1 (zuletzt aufgerufen am 18.6.2016).

2 Siehe http://www.bento.de/tv/deutsches-fernsehen-nur-wenig-schauspieler-mit-migrationshintergrund-vertreten-01800/ und http://www.nachtkritik.de/index.php?view=article&id=5600:migranten-spielen-auf-den-sprechbuehnen-keine-rolle&option=com_content&Itemid=84 (alle zuletzt aufgerufen am 25.9.2016).

3 Vgl. http://www.cityam.com/205658/how-diverse-is-the-ftse-100-no-surprise-white-men-dominate-executive-roles-and-its-getting-worse (zuletzt aufgerufen am 18.6.2016).

4 Siehe Rainer Geißler: *Zur Rolle der Medien in der Einwanderungsgesellschaft*, http://library.fes.de/pdf-files/wiso/07394-20100820.pdf oder http://mediendienst-integration.de/artikel/mehr-vielfalt-als-weg-zur-integration.html (zuletzt aufgerufen am 27.5.2016). Zu Frauen in Medien siehe http://www.spiegel.de/kultur/gesellschaft/pro-quote-datenprojekt-frauen-in-regionalzeitungen-unterrepraesentiert-a-1113646.html (zuletzt aufgerufen am 26.9.2016).

5 Siehe http://www.pro-quote.de/statistiken/ (zuletzt aufgerufen am 2.6.2016).

6 Siehe *FAZ*-Interview vom 20.11.2008, Nummer 272, S. 40.

7 Siehe http://www.kika.de/das-mutcamp-30/index.html (zuletzt aufgerufen am 1.12.2015).

8 Siehe http://www.kika.de/das-mutcamp-30/index.html (zuletzt aufgerufen am 27.9.2016).

9 Siehe http://www.taz.de/!5219632/ (zuletzt aufgerufen am 27.9.2016).

10 Vgl. https://www.theguardian.com/technology/2016/apr/12/the-dark-side-of-guardian-comments (zuletzt aufgerufen am 18.6.2016).

11 Siehe http://www.michaelmessner.org/wp-content/uploads/2014/05/white-guy.pdf, http://gawker.com/ivy-league-admissions-are-a-sham-confessions-of-a-harv-1690402410 und https://heimatkunde.boell.de/

geschlossene-gesellschaft-universitaet (zuletzt aufgerufen am 25.9.2016).

12 Siehe https://www.tagesschau.de/inland/oecd-studie-100.html (zuletzt aufgerufen am 1.10.2016).

13 Siehe z.B. http://www.deutschlandfunk.de/universitaet-zu-koeln-umfrage-offenbart-diskriminierung-und-680.de.html?dram:article_id=346577; https://www.zeit.de/studium/uni-leben/2014-05/fotokampagne.diskriminierung-student.hochschule; www.asta.uni-goettingen.de/studie-zur-diskriminierung-an-der-universitaet/; www.spiegel.de/lebenundlernen/uni/1-916280.html, http://www.antidiskriminierungsstelle.de/SharedDocs/Downloads/DE/publikationen/Diskriminierungsfreie_Hochschule/Leitfaden-Diskriminierung-Hochschule-20130916.pdf?_blob=publicationFile (alle zuletzt aufgerufen am 25.9.2016).

14 Siehe http://www.spiegel.de/lebenundlernen/job/frauen-in-der-wissenschaft-an-uni-und-hochschule-selten-a-973841.html (zuletzt aufgerufen am 1.10.2016).

15 Siehe www.tagesspiegel.de/11154276.html (zuletzt aufgerufen am 25.9.2016) und Christina Möller: *Herkunft zählt (fast) immer, soziale Ungleichheiten unter Universitätsprofessorinnen und Professoren*, Weinheim und Basel 2015.

16 Für mehr Informationen siehe https://mediendienst-integration.de/desintegration/kriminalitaet.html (zuletzt aufgerufen am 2.6.2014).

8 Wenn zwei sich streiten, freut sich der Weiße

1 Siehe https://t.co/tCMOAPi5iK (zuletzt aufgerufen am 18.9.2016).

2 Siehe http://fra.europa.eu/sites/default/files/fra_uploads/2109-FRA-Factsheet_ROMA_DE.pdf (zuletzt aufgerufen am 21.9.2016).

3 Siehe http://www.tagesspiegel.de/berlin/bezirke/friedrichshain-kreuzberg/raub-und-schlaege-am-kottbusser-tor-in-berlin-selbst-fuer-kreuzberg-zu-krass/12907214.html (zuletzt aufgerufen am 1.10.2016).

4 Siehe z. B. https://asylterror.com/2016/02/01/koeln-passiert-hier-taeglich-focus-online/ (zuletzt aufgerufen am 1.10.2016).

5 Siehe http://www.tagesspiegel.de/berlin/queerspiegel/rassismus-unter-queeren-der-lange-schatten-des-regenbogens/12504400.html (zuletzt aufgerufen am 14.12.2015).

6 Vgl. auch http://www.taz.de/!5021691/ (zuletzt aufgerufen am 17.7.2015).

7 Siehe http://www.spiegel.de/politik/deutschland/afd-und-homosexuelle-die-afd-ist-nicht-schwulenfeindlich-a-1077446.html (zuletzt aufgerufen am 21.9.2016).
8 Siehe http://spektrallinie.de/2016/05/12/schwuler-rechtspopulismus/ (zuletzt aufgerufen am 23.9.2016).
9 Siehe z. B. https://www.facebook.com/mirko.welsch/posts/1209848545703588 (zuletzt aufgerufen am 23.9.2016).
10 Siehe http://www.univie.ac.at/lgbt-wahlstudie/wp-content/uploads/2015/06/Pressetext_LGBTIQ_Wahlstudie-Berlin-2016.pdf (zuletzt aufgerufen am 21.9.2016).
11 Siehe http://www.spectator.co.uk/2015/01/how-marine-le-pen-is-winning-frances-gay-vote/ (zuletzt aufgerufen am 23.9.2016).
12 Siehe http://www.bild.de/politik/inland/satire/pegida-anhaenger-fallen-auf-falschen-reporter-rein-38965722.bild.html (zuletzt aufgerufen am 1.10.2016).
13 Siehe http://www.newyorker.com/magazine/2002/09/09/beyond-tolerance und http://www.economist.com/node/1125205 (zuletzt aufgerufen am 1.10.2016).
14 Siehe http://www.welt.de/politik/deutschland/article157398148/Ein-Verbot-ist-ueberfaellig-Ich-bin-burkaphob.html (zuletzt aufgerufen am 8.8.2016).
15 Siehe https://www.theguardian.com/us-news/2016/jun/18/orlando-latino-lgbt-media-whitewash (zuletzt aufgerufen am 13.8.2016).

9 Welches ist das weißeste Land Europas?

1 Siehe https://jobbik.hu/rovatok/cig%C3%A1nyb%C5%B1n%C3%B6z%C3%A9s/heged%C5%B1s_l%C3%B3r%C3%A1ntn%C3%A9_a_t%C3%A1mad%C3%A1s_mindannyiunkat_%C3%A9rt (zuletzt aufgerufen am 29.11.2015).
2 Mehr zum ungarischen Zwangsarbeit-Programm hier: http://www.taz.de/!5117555/ (zuletzt aufgerufen am 19.6.2016).
3 Vgl. https://www.tagesschau.de/ausland/ungarn-orban-fluechtlinge-101.html (zuletzt aufgerufen am 19.6.2016).
4 Siehe z. B. http://www.20min.ch/ausland/news/story/Coulibalys-Schwester-gibt-Twerking-Kurse-10388282 (zuletzt aufgerufen am 24.12.2015).

5 Siehe z.B. http://www.ina.fr/video/2954175001011 (zuletzt aufgerufen am 24.12.2015).
6 Siehe http://www1.rfi.fr/actufr/articles/071/article_40087.asp (zuletzt aufgerufen am 18.6.2015).
7 Siehe http://www.grioo.com/blogs/DJIBRILCHIMEREDIAW/index.php/2005/10/28/506-la-negrophobie-de-voltaire (zuletzt aufgerufen am 25.12.2015).
8 Siehe http://www.meltybuzz.fr/eric-zemmour-il-defend-les-propos-homophobes-actu95795.html und https://fr.wikiquote.org/wiki/%C3%89ric_Zemmour#Vichy (zuletzt aufgerufen am 24.12.2015).
9 Siehe http://www.lepoint.fr/societe/eric-zemmour-condamne-pour-provocation-a-la-discrimination-raciale-18-02-2011-1296980_23.php (zuletzt aufgerufen am 24.12.2015).
10 Siehe https://fr.wikiquote.org/wiki/%C3%89ric_Zemmour#La_France (zuletzt aufgerufen am 24.12.2015).
11 Siehe https://www.youtube.com/watch?v=AIDAPKAg7Xs (zuletzt aufgerufen am 24.12.2015).
12 Vgl. z.B. http://www.spiegel.de/schulspiegel/ausland/charlie-hebdo-anschlaege-schueler-in-frankreich-stoeren-gedenkminuten-a-1013015.html (zuletzt aufgerufen am 19.6.2016).
13 Siehe http://mamjahid.tumblr.com/post/132934944721/was-ich-der-eu-sagen-musste-mein-schlusswort (zuletzt aufgerufen am 2.12.2015).

10 Enkelkind mit blauen Augen

1 Siehe http://www.tagesspiegel.de/politik/islamismus-in-belgien-molenbeek-ist-harmlos-im-vergleich-zu-anderen-orten/12598546.html (zuletzt aufgerufen am 29.6.2016).
2 Siehe http://www.hydro-kosmos.de/klforsch/schespe.htm (zuletzt aufgerufen am 29.6.2016).
3 Siehe Homi K. Bhabha: *The Location of Culture*, London und New York 1994.
4 Vgl. dazu: http://www.boeckler.de/pdf/p_arbp_171.pdf (zuletzt aufgerufen am 17.7.2016).
5 Vgl. http://mamjahid.tumblr.com/post/102961828346/arab-racism-à-propos-du-racisme-arabe (zuletzt aufgerufen am 10.7.2016).
6 Vgl. etwa http://www.bbc.com/news/magazine-16295827 (zuletzt aufgerufen am 3.7.2016).

7 Vgl. Aneel Karnani: *Fighting Poverty Together: Rethinking Strategies for Business, Governments, and Civil Society to Reduce Poverty*, New York 2011, S. 101 ff.

11 Von »white trash« und »weißer Überlegenheit«

1 Siehe http://www.presserat.de/pressekodex/pressekodex/#panel-ziffer_12_diskriminierungen (zuletzt aufgerufen am 30.9.2016).

2 Siehe http://www.zeit.de/gesellschaft/zeitgeschehen/2016-06/bundeskriminalamt-statistik-straftaten-asylbewerber (zuletzt aufgerufen am 30.9.2016).

3 Siehe http://www.ndr.de/fernsehen/sendungen/zapp/dokusoap100.html (zuletzt aufgerufen am 2.10.2016).

4 Siehe http://www.sueddeutsche.de/medien/inszenierte-dramatik-bei-doku-soaps-schlag-gegen-die-mediale-hinrichtung-1.143741l (zuletzt aufgerufen am 2.10.2016).

5 Siehe http://www.tmz.com/2014/10/24/here-comes-honey-boo-boo-cancelled-tlc-mama-june-child-molester-dating/ (zuletzt aufgerufen am 2.10.2016).

6 Siehe https://newrepublic.com/article/122117/why-are-white-racists-always-called-white-trash (zuletzt aufgerufen am 13.12.2015).

7 Siehe http://edition.cnn.com/2015/07/02/politics/confederate-flag-poll-racism-southern-pride/ (zuletzt aufgerufen am 30.9.2016).

8 Siehe http://www.nytimes.com/2015/06/21/us/dylann-storm-roof-photos-website-charleston-church-shooting.html (zuletzt aufgerufen am 9.10.2016).

9 Siehe z.B. https://www.youtube.com/watch?v=78zg5_VYVcU (zuletzt aufgerufen am 13.12.2015).

10 Siehe https://pbs.twimg.com/media/CVUM_gIW4AE2IYJ.jpg (zuletzt aufgerufen am 13.12.2015).

11 Siehe http://nation.foxnews.com/2015/02/11/police-investigate-possible-hate-crime-killing-3-nc-muslim-students (zuletzt aufgerufen am 13.12.2015).

12 Siehe http://www.faz.net/aktuell/gesellschaft/kriminalitaet/chapel-hill-mann-erschiesst-drei-muslime-13422998.html (zuletzt aufgerufen am 13.12.2015).

13 Siehe http://www.tagesspiegel.de/weltspiegel/chapel-hill-in-north-

carolina-nach-mord-an-muslimen-diskussion-ueber-radikalen-atheismus/11358554.html (zuletzt aufgerufen am 30.12.2015).

14 Siehe z. B. http://www.thueringer-allgemeine.de/web/zgt/leben/detail/-/specific/Portraet-Wer-ist-Beate-Zschaepe-904393744 (zuletzt aufgerufen am 3.10.2016).

15 Siehe z. B. http://www.spiegel.de/panorama/justiz/mysterioese-erschiessungen-spur-der-doener-moerder-fuehrt-zur-wettmafia-a-666670.html (zuletzt aufgerufen am 9.10.2016).

16 Siehe http://www.zeit.de/gesellschaft/zeitgeschehen/2013-08/nsu-prozess-voegeler-soko-bosporus/komplettansicht und http://www.spiegel.de/panorama/justiz/nsu-prozess-verfassungsschutz-hat-mordserie-mit-ermoeglicht-a-1082481.html (zuletzt aufgerufen am 9.10.2016).

17 Vgl. http://www.abendzeitung-muenchen.de/inhalt.afd-tuerkenhass-egoshooter-ali-david-s-so-tickte-der-amoklaeufer-vom-oez.8e5e5035-f0d6-426a-bcb5-346a4c06b6bd.html und http://www.faz.net/aktuell/politik/inland/f-a-z-exklusiv-amoklaeufer-von-muenchen-war-rechtsextremist-14359855.html (zuletzt aufgerufen am 27.9.2016).

18 Siehe http://www.arte.tv/sites/de/das-arte-magazin/2014/04/04/die-wahren-arier/ (zuletzt aufgerufen am 9.10.2016).

19 Vgl. http://www.faz.net/aktuell/feuilleton/medien/anschlag-in-muenchen-wir-wollen-ja-nicht-spekulieren-14353716.html (zuletzt aufgerufen am 29.9.2016).

20 Siehe http://www.spiegel.de/panorama/justiz/muenchen-david-sonboly-handelte-womoeglich-aus-fremdenhass-a-1105007.html (zuletzt aufgerufen am 29.9.2016).

21 Vgl. https://www.youtube.com/watch?v=nE73jzVzCkU (zuletzt aufgerufen am 27.7.2016).

22 Siehe http://www.express.de/news/politik-und-wirtschaft/muenchen-amok-diese-bloggerin-hat-den-balkon-brueller-angezeigt--24508102 (zuletzt aufgerufen am 9.10.2016).

23 Vgl. http://www.carta.info/82880/muenchen-und-die-sehnsucht-weiss-zu-sein/ (zuletzt aufgerufen am 27.7.2016).

24 Siehe http://www.sueddeutsche.de/politik/extremismus-fakten-zum-salafismus-in-drei-grafiken-1.2294693 (zuletzt aufgerufen am 9.10.2016).